RUDO

RUDOLF STEINER

Grundlinien einer Erkenntnistheorie der Goetheschen Weltanschauung

mit besonderer Rücksicht auf Schiller

Zugleich eine Zugabe zu Goethes
«Naturwissenschaftlichen Schriften» in Kürschners
Deutscher National-Literatur

RUDOLF STEINER VERLAG

Herausgegeben von der Rudolf Steiner Nachlassverwaltung

Ungekürzte Ausgabe nach dem gleichnamigen Band der Rudolf Steiner Gesamtausgabe Bibliographie-Nr. 2, 8. Auflage, herausgegeben von Taja Gut

Bibliographischer Nachweis bisheriger Ausgaben siehe Seite 153

7. Auflage 2021

Umschlaggestaltung: Verlag, nach einer Vorlage v. Finken & Bumiller, Stuttgart
Textlayout: Finken & Bumiller, Stuttgart/Verlag
Satz: Verlag
Printed in Germany by Beltz, Bad Langensalza
ISBN 978-3-7274-6290-0
www.steinerverlag.com

INHALT

VORREDE ZUR NEU-AUFLAGE [1924]

Diese Erkenntnistheorie der Goetheschen Weltanschauung ist von mir in der Mitte der achtziger Jahre des vorigen Jahrhunderts niedergeschrieben worden. In meiner Seele lebten damals zwei Gedankentätigkeiten. Die eine hatte sich auf das Schaffen Goethes gerichtet und war bestrebt, die Welt- und Lebensanschauung auszugestalten, die sich als die treibende Kraft in diesem Schaffen offenbart. Das Voll- und Reinmenschliche schien mir in allem zu walten, was Goethe schaffend, betrachtend und lebend der Welt gegeben hat. Nirgends schien mir in der neueren Zeit die innere Sicherheit, harmonische Geschlossenheit und der Wirklichkeitssinn im Verhältnis zur Welt so sich darzustellen wie bei Goethe. Aus diesem Gedanken mußte die Anerkennung der Tatsache entspringen, daß auch die Art, wie Goethe im Erkennen sich verhielt, die aus dem Wesen des Menschen und der Welt hervorgehende ist. – Auf der anderen Seite lebten meine Gedanken in den philosophischen Anschauungen über das Wesen der Erkenntnis, die in dieser Zeit vorhanden waren. In diesen Anschauungen drohte das Erkennen sich in die eigene Wesenheit des Menschen einzuspinnen. Otto Liebmann, der geistreiche Philosoph, hatte den Satz ausgesprochen: das Bewußtsein des Menschen könne sich selbst nicht überspringen. Es müsse in sich bleiben. Was jenseits der Welt, die es in sich selbst gestaltet, als die wahre Wirklichkeit liegt, davon könne es nichts wissen. In glanzvollen Schriften hat Otto Liebmann diesen Gedanken für die verschiedensten Gebiete der menschlichen Erfahrungswelt durchgeführt. Johannes Volkelt hatte seine gedankenvollen Bücher über Kants Erkenntnistheorie und über «Erfahrung und Denken» geschrieben. Er sah in der Welt, die dem Menschen gegeben ist, nur einen Zusammenhang von Vorstellungen, die sich bilden im Verhältnis des Menschen zu einer an sich unbekannten Welt. Zwar gab er zu, daß im Erleben des Denkens eine Notwendigkeit sich zeigt, wenn dieses in die Vorstellungswelt eingreift. Man fühle gewissermaßen eine Art Durchstoßen durch die Vorstellungswelt in die Wirklichkeit hinüber, wenn das Denken sich betätigt. Aber, was war damit gewonnen? Man konnte sich dadurch berechtigt fühlen, im Denken Urteile zu fällen, die etwas über die wirkliche Welt sagen; aber man steht mit solchen Urteilen doch ganz im Innern des Menschen drinnen; vom Wesen der Welt dringt nichts in diesen ein.

Eduard von Hartmann, dessen Philosophie mir sehr wertvoll war, ohne daß ich deren Grundlagen und Ergebnisse anerkennen konnte, stand in erkenntnistheoretischen Fragen ganz auf dem Standpunkte, den dann Volkelt ausführlich dargestellt hat.

Überall war das Eingeständnis vorhanden, daß der Mensch mit seinem Erkennen an gewisse Grenzen stoße, über die er nicht hinaus in das Gebiet der wahren Wirklichkeit dringen könne.

All dem gegenüber stand bei mir die innerlich erlebte und im Erleben erkannte Tatsache, daß der Mensch mit seinem Denken, wenn er dies genügend vertieft, in der Weltwirklichkeit als einer geistigen drinnen lebt. Ich vermeinte diese Erkenntnis als eine solche zu besitzen, die mit der gleichen inneren Klarheit im Bewußtsein stehen kann wie das, was in mathematischer Erkenntnis sich offenbart.

Vor dieser Erkenntnis kann die Meinung nicht bestehen, daß es *solche* Erkenntnisgrenzen gäbe, wie die gekennzeichnete Gedankenrichtung sie glaubte festsetzen zu müssen.

In all dies spielte bei mir hinein eine Gedankenneigung zu der damals blühenden Entwickelungstheorie. Sie hatte in Haekkel Formen angenommen, in denen das selbständige Sein und Wirken des Geistigen keine Berücksichtigung finden konnte. Das Spätere, Vollkommene sollte aus dem Früheren, Unentwickelten im Zeitenlaufe hervorgegangen sein. Mir leuchtete das in bezug auf die äußere sinnenfällige Wirklichkeit ein. Doch kannte ich die vom Sinnenfälligen unabhängige, in sich befestigte, selbständige Geistigkeit zu gut, um der äußeren sinnenfälligen Erscheinungswelt Recht zu geben. Aber es war die Brücke zu schlagen von dieser Welt zu der des Geistes. Im sinnenfällig gedachten Zeitenlaufe scheint das menschlich Geistige sich aus dem vorangehenden Ungeistigen zu entwickeln.

Aber das Sinnenfällige, richtig erkannt, zeigt überall, daß es Offenbarung des Geistigen ist. Dieser richtigen Erkenntnis des Sinnenfälligen gegenüber war mir klar, daß «Grenzen der Erkenntnis», wie sie damals festgestellt wurden, nur der zugeben kann, der auf dieses Sinnenfällige stößt und es so behandelt, wie jemand eine vollgedruckte Seite dann behandeln würde, wenn er die Anschauung nur auf die Buchstabenformen richtete und ohne Ahnung vom Lesen sagte, man könne nicht wissen, was hinter diesen Formen stecke.

So wurde mein Blick auf den Weg von der Sinnesbeobachtung zu dem Geistigen hingelenkt, das mir im inneren erkennenden Erleben feststand. Ich suchte hinter den sinnenfälligen Erscheinungen nicht ungeistige Atomwelten, sondern das Geistige, das sich scheinbar im Innern des Menschen offenbart, das aber in Wirklichkeit den Sinnendingen und Sinnesvorgängen selbst angehört. Es entsteht durch das Verhalten des erkennenden Menschen der Schein, als ob die Gedanken der Dinge im Menschen seien, während sie in Wirklichkeit in den Dingen walten. Der Mensch hat nötig, sie in einem Schein-Erleben von den Dingen abzusondern; im wahren Erkenntnis-Erleben gibt er sie den Dingen wieder zurück.

Die Entwickelung der Welt ist dann so zu verstehen, daß das vorangehende Ungeistige, aus dem sich später die Geistigkeit des Menschen entfaltet, neben und außer sich ein Geistiges hat. Die spätere durchgeistigte Sinnlichkeit, in der der Mensch erscheint, tritt dann dadurch auf, daß sich der Geistesvorfahre des Menschen mit den unvollkommenen ungeistigen Formen vereint, und, diese umbildend, dann in sinnenfälliger Form auftritt.

Diese Ideengänge führten mich über die damaligen Erkenntnistheoretiker, deren Scharfsinn und wissenschaftliches Verantwortungsgefühl ich voll anerkannte, hinaus. Sie führten mich zu Goethe hin.

Ich muß heute zurückdenken an mein damaliges inneres Ringen. Ich habe es mir nicht leicht gemacht, über die Gedankengänge der damaligen Philosophien hinwegzukommen. Mein Leuchtstern war aber stets die ganz durch sich selbst bewirkte Anerkennung der Tatsache, daß der Mensch sich innerlich als vom Körper unabhängiger Geist, stehend in einer rein geistigen Welt, schauen kann.

Vor meinen Arbeiten über Goethes naturwissenschaftliche Schriften und vor dieser Erkenntnistheorie schrieb ich einen kleinen Aufsatz über Atomismus, der nie gedruckt worden ist. Er war in der angedeuteten Richtung gehalten. Ich muß gedenken, welche Freude es mir machte, als Friedrich Theodor Vischer, dem ich den Aufsatz zuschickte, mir einige zustimmende Worte schrieb.

Nun aber wurde mir an meinen Goethe-Studien klar, wie meine Gedanken zu einem Anschauen vom Wesen der Erkenntnis führen, das in Goethes Schaffen und seiner Stellung zur Welt überall hervortritt. Ich fand, daß meine Gesichtspunkte mir eine Erkenntnistheorie ergaben, die die der Goetheschen Weltanschauung ist.

Ich wurde in den achtziger Jahren des vorigen Jahrhunderts durch Karl Julius Schröer, meinen Lehrer und väterlichen Freund, dem ich viel verdanke, empfohlen, die Einleitungen zu Goethes naturwissenschaftlichen Schriften für die Kürschnersche «National-Literatur» zu schreiben und die Herausgabe dieser Schriften zu besorgen. In dieser Arbeit verfolgte ich das Erkenntnisleben Goethes auf allen Gebieten, auf denen er tätig war. Immer klarer im einzelnen wurde mir die Tatsache, daß mich meine eigene

Anschauung in eine Erkenntnistheorie der Goetheschen Weltanschauung hineinstellte. Und so schrieb ich denn diese Erkenntnistheorie während der genannten Arbeiten.

Indem ich sie heute wieder vor mich hinstelle, erscheint sie mir auch als die erkenntnistheoretische Grundlegung und Rechtfertigung von alle dem, was ich später gesagt und veröffentlicht habe. Sie spricht von einem Wesen des Erkennens, das den Weg freilegt von der sinnenfälligen Welt in eine geistige hinein.

Es könnte sonderbar erscheinen, daß diese Jugendschrift, die nahezu vierzig Jahre alt ist, heute wieder unverändert, nur durch Anmerkungen erweitert, erscheint. Sie trägt in der Art der Darstellung die Kennzeichen eines Denkens, das sich in die Philosophie der Zeit vor vierzig Jahren eingelebt hat. Ich würde, schriebe ich sie heute, manches anders sagen. Aber ich würde als Wesen der Erkenntnis nichts anderes angeben können. Aber, was ich heute schriebe, würde nicht so treulich die *Keime* der von mir vertretenen geistgemäßen Weltanschauung in sich tragen können. So keimhaft kann man nur schreiben im Anfange eines Erkenntnislebens. Deshalb darf vielleicht diese Jugendschrift gerade in der unveränderten Form wieder erscheinen. Was in der Zeit ihrer Abfassung an Erkenntnistheorien vorhanden war, hat eine Fortsetzung in späteren Erkenntnistheorien gefunden. Ich habe, was ich darüber zu sagen habe, in meinem Buche «Die Rätsel der Philosophie» gesagt. Dies erscheint gleichzeitig in demselben Verlage in Neuauflage. – Was ich vor Zeiten als Erkenntnistheorie der Goetheschen Weltanschauung in diesem Schriftchen skizziert habe, scheint mir heute so nötig zu sagen wie vor vierzig Jahren.

Goetheanum zu Dornach bei Basel,
November 1923 *Rudolf Steiner*

VORWORT ZUR ERSTEN AUFLAGE

Als mir durch Herrn Prof. *Kürschner* der ehrenvolle Auftrag wurde, die Herausgabe von Goethes naturwissenschaftlichen Schriften für die Deutsche National-Literatur zu besorgen, war ich mir der Schwierigkeiten sehr wohl bewußt, die mir bei einem solchen Unternehmen gegenüberstehen. Ich mußte einer Ansicht, die sich fast allgemein festgesetzt hat, entgegentreten.

Während die Überzeugung immer mehr an Verbreitung gewinnt, daß Goethes *Dichtungen* die Grundlage unserer ganzen Bildung sind, sehen selbst jene, die am weitesten in der Anerkennung seiner *wissenschaftlichen* Bestrebungen gehen, in diesen nicht mehr als *Vorahnungen* von Wahrheiten, die im späteren Verlaufe der Wissenschaft ihre volle Bestätigung gefunden haben. Seinem genialischen Blicke soll es hier gelungen sein, Naturgesetzlichkeiten zu ahnen, die dann *unabhängig* von ihm von der strengen Wissenschaft wieder gefunden wurden. Was man der übrigen Tätigkeit Goethes im vollsten Maße zugesteht, daß sich jeder Gebildete mit ihr auseinanderzusetzen hat, das wird bei seiner wissenschaftlichen Ansicht abgelehnt. Man wird durchaus nicht zugeben, daß man durch ein Eingehen auf des Dichters wissenschaftliche Werke etwas gewinnen könne, was die Wissenschaft nicht auch ohne ihn heute bieten würde.

Als ich durch *K. J. Schröer,* meinen vielgeliebten Lehrer, in die Weltansicht Goethes eingeführt wurde, hatte mein Denken bereits eine Richtung genommen, die es mir möglich machte, mich über die bloßen Einzelentdeckungen des Dichters hinweg zur Hauptsache zu wenden: zu der Art, wie Goethe eine solche Einzeltatsache dem Ganzen seiner Naturauffassung einfügte, wie er sie verwertete, um zu einer Einsicht in den Zusammenhang der

Naturwesen zu gelangen oder wie er sich selbst (in dem Aufsatze «Anschauende Urteilskraft»[1]) so treffend ausdrückt, um an den Produktionen der Natur geistig teilzunehmen. Ich erkannte bald, daß jene Errungenschaften, die Goethe von der heutigen Wissenschaft zugestanden werden, das Unwesentliche sind, während das Bedeutsame gerade übersehen wird. Jene Einzelentdeckungen wären wirklich auch ohne Goethes Forschen gemacht worden; seiner großartigen Naturauffassung aber wird die Wissenschaft solange entbehren, als sie sie nicht direkt von ihm selbst schöpft. Damit war die Richtung gegeben, die die Einleitungen zu meiner Ausgabe zu nehmen haben. Sie müssen zeigen, daß jede einzelne von Goethe ausgesprochene Ansicht aus der Totalität seines Genius abzuleiten ist.[2]

Die Prinzipien, nach denen dies zu geschehen hat, sind der Gegenstand des vorliegenden Schriftchens. Es soll zeigen, daß das, was wir als Goethes wissenschaftliche Anschauungen hinstellen, auch einer selbständigen Begründung fähig ist.

Damit hätte ich alles gesagt, was mir den folgenden Abhandlungen voranzuschicken nötig schien. Es obliegt mir nur noch eine angenehme Pflicht zu erfüllen, nämlich Herrn Prof. Kürschner, der in der außerordentlich wohlwollenden Weise, in der er meinen wissenschaftlichen Bemühungen stets entgegengekommen ist, auch diesem Schriftchen seine Förderung freundlichst angedeihen ließ, meinen tiefgefühltesten Dank auszusprechen.

Ende April 1886 *Rudolf Steiner*

---

1 Vgl. Goethes naturwissenschaftliche Schriften in Kürschners Deutscher National-Literatur Bd. I S. 115.

2 Über die Art, wie sich meine Ansichten dem Gesamtbilde Goethescher Weltanschauung einfügen, handelt Schröer in seinem Vorworte zu Goethes naturwissenschaftl. Schriften (Kürschners National-Literatur Bd. I S. I–XIV). (Vgl. auch dessen Faust-Ausgabe Bd. II, 2. Aufl. S. VII.)

A. VORFRAGEN

1. AUSGANGSPUNKT

Wenn wir irgend eine der Hauptströmungen des geistigen Lebens der Gegenwart nach rückwärts bis zu ihren Quellen verfolgen, so treffen wir wohl stets auf einen der Geister unserer klassischen Epoche. Goethe oder Schiller, Herder oder Lessing haben einen Impuls gegeben; und davon ist diese oder jene geistige Bewegung ausgegangen, die heute noch fortdauert. Unsere ganze deutsche Bildung fußt so sehr auf unseren Klassikern, daß wohl mancher, der sich vollkommen originell zu sein dünkt, nichts weiter vollbringt, als daß er ausspricht, was Goethe oder Schiller längst angedeutet haben. Wir haben uns in die durch sie geschaffene Welt so hineingelebt, daß kaum irgend jemand auf unser Verständnis rechnen darf, der sich außerhalb der von ihnen vorgezeichneten Bahn bewegen wollte. Unsere Art, die Welt und das Leben *anzusehen,* ist so sehr durch sie bestimmt, daß niemand unsere Teilnahme erregen kann, der nicht Berührungspunkte mit dieser Welt sucht.

Nur von *einem* Zweig unserer geistigen Kultur müssen wir gestehen, daß er einen solchen Berührungspunkt noch nicht gefunden hat. Es ist jener Zweig der Wissenschaft, der über das bloße Sammeln von Beobachtungen, über die Kenntnisnahme einzelner Erfahrungen hinausgeht, um eine befriedigende Gesamtanschauung von Welt und Leben zu liefern. Es ist das, was man gewöhnlich Philosophie nennt. Für sie scheint unsere klassische Zeit geradezu nicht vorhanden zu sein. Sie sucht ihr Heil in einer künstlichen Abgeschlossenheit und vornehmen Isolierung von allem übrigen Geistesleben. Dieser Satz wird dadurch nicht widerlegt, daß sich eine stattliche Anzahl älterer und neuerer Philosophen und Naturforscher mit Goethe und Schiller auseinandergesetzt hat. Denn diese haben ihren wissenschaftlichen

Standpunkt nicht dadurch gewonnen, daß sie die Keime in den wissenschaftlichen Leistungen jener Geistesheroen zur Entwicklung gebracht haben. Sie haben ihren wissenschaftlichen Standpunkt *außerhalb* jener Weltanschauung, die Schiller und Goethe vertreten haben, gewonnen und ihn *nachträglich* mit derselben verglichen. Sie haben das auch nicht in *der* Absicht getan, um aus den wissenschaftlichen Ansichten der Klassiker etwas für ihre Richtung zu *gewinnen,* sondern um dieselben zu prüfen, ob sie vor dieser ihrer eigenen Richtung bestehen können. Wir werden darauf noch näher zurückkommen. Vorerst möchten wir nur auf die Folgen verweisen, die sich aus dieser Haltung gegenüber der höchsten Entwicklungsstufe der Kultur der Neuzeit für das in Betracht kommende Wissenschaftsgebiet ergeben.

Ein großer Teil des gebildeten Lesepublikums wird heute eine literarisch-wissenschaftliche Arbeit sogleich ungelesen von sich weisen, wenn sie mit dem Anspruche auftritt, eine philosophische zu sein. Kaum in irgend einer Zeit hat sich die Philosophie eines geringeren Maßes von Beliebtheit erfreut als gegenwärtig. Sieht man von den Schriften Schopenhauers und Ed. v. Hartmanns ab, die Lebens- und Weltprobleme von allgemeinstem Interesse behandeln und deshalb weite Verbreitung gefunden haben, so wird man nicht zu weit gehen, wenn man sagt: philosophische Arbeiten werden heute nur von Fachphilosophen gelesen. Niemand außer diesen kümmert sich darum. Der Gebildete, der nicht Fachmann ist, hat das unbestimmte Gefühl: «Diese Literatur enthält nichts, was einem meiner geistigen Bedürfnisse entsprechen würde; die Dinge, die da abgehandelt werden, gehen mich nichts an; sie hängen in keiner Weise mit dem zusammen, was ich zur Befriedigung meines Geistes notwendig habe.» An diesem Mangel an Interesse für alle Philosophie kann nur der von uns angedeutete Umstand die Schuld tragen, denn es steht jener Interesselosigkeit ein stets wachsendes Bedürfnis nach einer befriedigenden Welt- und Lebensanschauung gegenüber. Was für so viele lange Zeit ein voller Ersatz war: die religiösen Dogmen verlieren immer mehr an überzeugender Kraft. Der Drang nimmt immer zu, *das* durch die Arbeit des *Denkens* zu erringen, was man einst dem *Offenbarungsglauben* verdankte: *Befriedigung des Geistes.* An Teilnahme der Gebildeten könnte es daher nicht fehlen, wenn das in Rede stehende Wissenschaftsgebiet wirklich Hand in Hand ginge mit der ganzen Kulturentwicklung, wenn seine Vertreter Stellung nehmen würden zu den großen Fragen, die die Menschheit bewegen.

Man muß sich dabei immer vor Augen halten, daß es sich nie darum handeln kann, erst künstlich ein geistiges Bedürfnis zu erzeugen, sondern allein darum, das bestehende aufzusuchen und ihm Befriedigung zu gewähren. Nicht das Aufwerfen von Fragen ist die Aufgabe der Wissenschaft, sondern das sorgfältige Beobachten derselben, wenn sie von der Menschennatur und der jeweiligen Kulturstufe gestellt werden, und ihre *Beantwortung.* Unsere modernen Philosophen stellen sich Aufgaben, die durchaus kein natürlicher Ausfluß der Bildungsstufe sind, auf der wir stehen und nach deren Beantwortung daher niemand frägt. An jenen Fragen aber, die unsere Bildung vermöge jenes Standortes, auf den sie unsere Klassiker gehoben haben, *stellen muß,* geht die Wissenschaft vorüber. *So haben wir eine Wissenschaft, nach der niemand sucht und ein wissenschaftliches Bedürfnis, das von niemandem befriedigt wird.*

Unsere zentrale Wissenschaft, jene Wissenschaft, die uns die eigentlichen Welträtsel lösen soll, darf keine Ausnahme machen gegenüber allen anderen Zweigen des Geisteslebens. Sie muß ihre Quellen dort suchen, wo sie die letzteren gefunden haben. Sie muß sich mit unseren Klassikern nicht nur auseinandersetzen; sie muß bei ihnen auch die Keime zu ihrer Entwicklung suchen; es muß sie der gleiche Zug wie unsere übrige Kultur durchwehen. Das ist eine in der Natur der Sache liegende Notwendigkeit. Ihr ist es auch zuzuschreiben, daß die oben bereits berührten Auseinandersetzungen moderner Forscher mit den Klassikern stattgefunden haben. Sie zeigen aber nichts weiter, als daß man ein dunkles Gefühl hat von der Unstatthaftigkeit, über die Überzeugungen jener Geister einfach zur Tagesordnung überzugehen. Sie zeigen aber auch, daß man es zur wirklichen Weiterentwicklung *ihrer* Ansichten nicht gebracht hat. Dafür spricht die Art, wie man an Lessing, Herder, Goethe, Schiller herangetreten ist. Bei aller Vortrefflichkeit vieler hierher gehöriger Schriften muß man doch fast von allem, was über Goethes und Schillers wissenschaftliche Arbeiten geschrieben worden ist, sagen, daß es sich nicht organisch aus deren Anschauungen herausgebildet, sondern sich in ein nachträgliches Verhältnis zu denselben gesetzt hat. Keine Tatsache kann das mehr erhärten als die, daß die entgegengesetztesten wissenschaftlichen Richtungen in Goethe den Geist gesehen haben, der ihre Ansichten «vorausgeahnt» hat. Weltanschauungen, die gar nichts miteinander gemein haben, weisen mit scheinbar gleichem Recht auf Goethe hin, wenn sie das Bedürfnis empfinden, ihren Standpunkt auf den Höhen der Menschheit anerkannt zu sehen. Man kann sich keine schärferen Gegensätze denken als die Lehre Hegels und Schopenhauers. Dieser nennt Hegel einen Scharlatan, seine Philosophie seichten Wortkram, baren Unsinn, barbarische Wortzusammenstellungen. Beide Männer haben eigentlich gar nichts miteinander gemein als eine unbegrenzte Verehrung für Goethe und den Glauben, daß der letztere sich zu ihrer Weltansicht bekannt habe.

Mit neueren wissenschaftlichen Richtungen ist es nicht anders. *Haeckel,* der mit eiserner Konsequenz und in genialischer Weise den Darwinismus ausgebaut hat, den wir als den weitaus bedeutendsten Anhänger des englischen Forschers ansehen müssen, sieht in der Goetheschen Ansicht die seinige vorgebildet. Ein anderer Naturforscher der Gegenwart: *K. F. W. Jessen* schreibt von der Theorie Darwins: «Das Aufsehen, welches diese früher schon oft vorgebrachte und von gründlicher Forschung ebenso oft widerlegte, jetzt aber mit vielen Scheingründen unterstützte Theorie bei manchen Spezialforschern und vielen Laien gefunden hat, zeigt, wie wenig leider noch immer die Ergebnisse der Naturforschung von den Völkern erkannt und begriffen sind.»[1] Von Goethe sagt derselbe Forscher, daß er sich «zu umfassenden Forschungen in der leblosen wie in der belebten Natur aufgeschwungen»[2] habe, indem er «in sinniger, tiefdringender Naturbetrachtung das Grundgesetz aller Pflanzenbildung»[3] fand. Jeder der genannten Forscher weiß in schier erdrückender Zahl Belege für die Übereinstimmung seiner wissenschaftlichen Richtung mit den «sinnigen Beobachtungen Goethes» zu erbringen. Es müßte denn doch wohl ein bedenkliches Licht auf die Einheitlichkeit Goetheschen Denkens werfen, wenn sich jeder dieser Standpunkte mit Recht auf dasselbe berufen könnte. Der Grund dieser Erscheinung liegt aber eben darinnen, daß doch keine dieser Ansichten wirklich aus der Goetheschen Weltanschauung herausgewachsen ist, sondern daß jede ihre Wurzeln außerhalb derselben hat. Er liegt darinnen, daß man zwar nach äußerer Übereinstimmung mit Einzelheiten, die, aus dem ganzen Goetheschen Denken herausgerissen, ihren Sinn verlieren, sucht, daß man aber diesem Ganzen selbst nicht die *innere Gediegenheit* zugestehen will, eine wissenschaftliche Richtung zu begründen. Goethes Ansichten waren nie *Ausgangspunkt* wissenschaftlicher Untersuchungen, sondern stets nur *Vergleichungsobjekt*. Die sich mit ihm beschäftigten, waren selten *Schüler*, die sich unbefangenen Sinnes seinen Ideen hingaben, sondern zumeist *Kritiker*, die über ihn zu Gericht saßen.

Man sagt eben, Goethe habe viel zu wenig wissenschaftlichen Sinn gehabt; er war ein um so schlechterer Philosoph, als er besserer Dichter war. Deshalb wäre es unmöglich, einen wissenschaftlichen Standpunkt auf ihn zu stützen. Das ist eine vollstän-

---

1 Siehe *[Karl F. W.] Jessen*, «Botanik der Gegenwart und Vorzeit [in culturhistorischer Entwickelung]» [Leipzig 1864,] S. 459.

2 Ebenda S. 343.

3 Ebenda S. 332.

dige Verkennung der Natur Goethes. Goethe war allerdings kein *Philosoph* im gewöhnlichen Sinne des Wortes; aber es darf nicht vergessen werden, daß die wunderbare Harmonie seiner Persönlichkeit Schiller zu dem Ausspruche führte: «Der Dichter ist der einzige *wahre Mensch.*» Das, was Schiller hier unter dem «wahren Menschen» versteht, das war Goethe. In seiner Persönlichkeit fehlte kein Element, das zur höchsten Ausprägung des Allgemein-Menschlichen gehört. Aber alle diese Elemente vereinigten sich in ihm zu einer Totalität, die als *solche* wirksam ist. *So* kommt es, daß seinen Ansichten über die Natur ein *tiefer philosophischer Sinn* zugrunde liegt, wenngleich dieser philosophische Sinn nicht in Form bestimmter wissenschaftlicher Sätze zu seinem Bewußtsein kommt. Wer sich in jene Totalität vertieft, der wird, wenn er philosophische Anlagen mitbringt, jenen philosophischen Sinn loslösen und ihn als Goethesche Wissenschaft darlegen können. Er muß aber von Goethe ausgehen und nicht mit einer fertigen Ansicht an ihn herantreten. Goethes Geisteskräfte sind immer in einer Weise wirksam, wie sie der strengsten Philosophie gemäß ist, wenn er auch kein systematisches Ganze derselben hinterlassen hat.

Goethes Weltansicht ist die denkbar vielseitigste. Sie geht von einem Zentrum aus, das in der einheitlichen Natur des Dichters gelegen ist, und kehrt immer jene Seite hervor, die der Natur des betrachteten Gegenstandes entspricht. Die Einheitlichkeit der Betätigung der Geisteskräfte liegt in der Natur Goethes, die jeweilige *Art* dieser Betätigung wird durch das betreffende Objekt bestimmt. Goethe entlehnt die Betrachtungsweise der Außenwelt und zwingt sie ihr nicht auf. Nun ist aber das Denken vieler Menschen nur in *einer* bestimmten Weise wirksam; es ist nur für eine Gattung von Objekten dienlich; es ist nicht wie das Goethesche *einheitlich,* sondern *einförmig.* Wir wollen uns genauer ausdrücken: Es gibt Menschen, deren Verstand vornehmlich geeignet ist, rein mechanische Abhängigkeiten und Wirkungen zu denken; sie stellen sich das ganze Universum als einen Mechanismus vor. Andere haben einen Drang, das geheimnisvolle, mystische Element der Außenwelt überall wahrzunehmen; sie werden Anhänger des Mystizismus. Aller Irrtum entsteht dadurch, daß eine solche Denkweise, die ja für eine Gattung von Objekten volle Geltung hat, für universell erklärt wird. So erklärt sich der Widerstreit der vielen Weltanschauungen. Tritt nun eine solche einseitige Auffassung der Goetheschen gegenüber, die unbeschränkt ist, weil sie die Betrachtungsweise überhaupt nicht aus dem Geiste des Betrachters, sondern aus der Natur des Betrachteten entnimmt, so ist es begreiflich, daß sie sich an jene Gedankenelemente derselben anklammert, die ihr gemäß sind. Goethes Weltansicht schließt eben in dem angedeuteten Sinne viele Denkrichtungen in sich, während sie von keiner einseitigen Auffassung je durchdrungen werden kann.

Der philosophische Sinn, der ein wesentliches Element in dem Organismus des Goetheschen Genius ist, hat auch für seine Dichtungen Bedeutung. Wenn es Goethe auch ferne lag, das, was dieser Sinn ihm vermittelte, in begrifflich klarer Form sich vorzulegen, wie dies Schiller imstande war, so ist es doch wie bei Schiller ein Faktor, der bei seinem künstlerischen Schaffen mitwirkt. Goethes und Schillers dichterische Produktionen sind ohne ihre im Hintergrunde derselben stehende Weltanschauung nicht denkbar. Dabei kommt es bei Schiller mehr auf seine wirklich ausgebildeten Grundsätze, bei Goethe auf die *Art seines Anschauens* an. Daß aber die größten Dichter unserer Nation auf der Höhe ihres Schaffens jenes philosophischen Elementes nicht entraten konnten, bürgt mehr als alles andere dafür, daß dasselbe in der Entwicklungsgeschichte der Menschheit ein notwendiges Glied ist. Gerade die Anlehnung an Goethe und Schiller wird es ermöglichen, unsere zentrale Wissenschaft ihrer Kathedereinsamkeit zu entreißen und der übrigen Kulturentwicklung einzuverleiben. Die wissenschaftlichen Überzeugungen unserer Klassiker hängen mit tausend Fäden an ihren übrigen Bestrebungen, sie sind solche, welche von der Kulturepoche, die sie geschaffen, *gefordert* werden.

2. DIE WISSENSCHAFT GOETHES NACH DER METHODE SCHILLERS

Mit dem Bisherigen haben wir die Richtung bestimmt, die die folgenden Untersuchungen nehmen werden. Sie sollen eine Entwicklung dessen sein, was sich in Goethe als wissenschaftlicher Sinn geltend machte, eine Interpretation seiner Art, die Welt zu betrachten.

Dagegen kann man einwenden, das sei nicht die Art, eine Ansicht wissenschaftlich zu vertreten. Eine wissenschaftliche Ansicht dürfe unter keinerlei Umständen auf einer Autorität, sondern müsse stets auf Prinzipien beruhen. Wir wollen diesen Einwand sogleich vorwegnehmen. Uns gilt nicht deshalb eine in der Goetheschen Weltauffassung begründete Ansicht für *wahr,* weil sie sich aus *dieser* ableiten läßt, sondern weil wir glauben, die Goethesche Weltansicht auf haltbare Grundsätze stützen und sie als eine in sich begründete vertreten zu können. Daß wir unseren Ausgangspunkt von Goethe nehmen, soll uns nicht hindern, es mit der *Begründung* der von uns vertretenen Ansichten ebenso ernst zu nehmen, wie die Vertreter einer angeblich voraussetzungslosen Wissenschaft. *Wir vertreten die Goethesche Weltansicht, aber wir begründen sie den Forderungen der Wissenschaft gemäß.*

Für den Weg, den solche Untersuchungen einzuschlagen haben, hat Schiller die Richtung vorgezeichnet. Keiner hat wie er die Größe des Goetheschen Genius geschaut. In seinen Briefen an Goethe hat er dem letzteren ein Spiegelbild seines Wesens vorgehalten; in seinen Briefen über ästhetische Erziehung des Menschengeschlechtes leitet er das Ideal des Künstlers ab, wie er es an Goethe erkannt hat; und in seinem Aufsatze über naive und sentimentalische Dichtung schildert er das Wesen der echten Kunst, wie er es an der Dichtung Goethes gewonnen hat. Damit ist zugleich gerechtfertigt, warum wir unsere Ausführungen als auf Grundlage der *Goethe-Schillerschen* Weltanschauung erbaut bezeichnen. Sie wollen das wissenschaftliche Denken Goethes nach jener Methode betrachten, für die Schiller das Vorbild geliefert hat. Goethes Blick ist auf die Natur und das Leben gerichtet; und die Betrachtungsweise, die er dabei befolgt, soll der *Vorwurf* (der Inhalt) für unsere Abhandlung sein; Schillers Blick ist auf Goethes Geist gerichtet; und die Betrachtungsweise, die *er* dabei befolgt, soll das Ideal unserer *Methode* sein.

In dieser Weise denken wir uns Goethes und Schillers wissenschaftliche Bestrebungen für die Gegenwart fruchtbar gemacht.

Nach der üblichen wissenschaftlichen Bezeichnungsweise wird unsere Arbeit als *Erkenntnistheorie* aufgefaßt werden müssen. Die Fragen, die sie behandelt, werden freilich vielfach anderer Natur sein als die, die heute von dieser Wissenschaft fast allgemein gestellt werden. Wir haben gesehen, warum das so ist. Wo ähnliche Untersuchungen heute auftreten, gehen sie fast durchgehends von Kant aus. Man hat in wissenschaftlichen Kreisen durchaus übersehen, daß neben der von dem großen Königsberger Denker begründeten Erkenntniswissenschaft noch eine andere Richtung wenigstens der Möglichkeit nach gegeben ist, die nicht minder einer sachlichen Vertiefung fähig ist als die Kantsche. Otto Liebmann hat am Anfange der sechziger Jahre den Ausspruch getan: Es muß auf Kant zurückgegangen werden, wenn wir zu einer widerspruchslosen Weltansicht kommen wollen. Das ist wohl die Veranlassung, daß wir heute eine fast unübersehbare Kant-Literatur haben.

Aber auch dieser Weg wird der philosophischen Wissenschaft nicht aufhelfen. Sie wird erst wieder eine Rolle in dem Kulturleben spielen, wenn sie statt des Zurückgehens auf Kant sich in die wissenschaftliche Auffassung Goethes und Schillers vertieft.

Und nun wollen wir an die Grundfragen einer diesen Vorbemerkungen entsprechenden Erkenntniswissenschaft herantreten.

3. DIE AUFGABE UNSERER WISSENSCHAFT

Von aller Wissenschaft gilt zuletzt das, was Goethe so bezeichnend mit den Worten ausspricht: «Die Theorie an und für sich ist nichts nütze, als insofern sie uns an den Zusammenhang der Erscheinungen glauben macht.» Stets bringen wir durch die Wissenschaft getrennte Tatsachen der Erfahrung in einen Zusammenhang. Wir sehen in der unorganischen Natur Ursachen und Wirkungen getrennt und suchen nach deren Zusammenhang in den entsprechenden Wissenschaften. Wir nehmen in der organischen Welt Arten und Gattungen von Organismen wahr und bemühen uns, die gegenseitigen Verhältnisse derselben festzustellen. In der Geschichte treten uns einzelne Kulturepochen der Menschheit gegenüber; wir bemühen uns, die innere Abhängigkeit der einen Entwicklungsstufe von der andern zu erkennen. So hat jede Wissenschaft in einem bestimmten Erscheinungsgebiete im Sinne des obigen Goetheschen Satzes zu wirken.

Jede Wissenschaft hat ihr Gebiet, auf dem sie den Zusammenhang der Erscheinungen sucht. Dann bleibt noch immer ein großer Gegensatz in unseren wissenschaftlichen Bemühungen bestehen: die durch die Wissenschaften gewonnene ideelle Welt einerseits und die ihr zugrunde liegenden Gegenstände andererseits. Es muß eine Wissenschaft geben, die auch hier die gegenseitigen Beziehungen klarlegt. Die ideelle und reale Welt, der Gegensatz von Idee und Wirklichkeit, sind die Aufgabe einer solchen Wissenschaft. Auch diese Gegensätze müssen in ihrer gegenseitigen Beziehung erkannt werden.

Diese Beziehungen zu suchen, ist der Zweck der folgenden Ausführungen. Die Tatsache der Wissenschaft einerseits und die

Natur und Geschichte andererseits sind in ein Verhältnis zu bringen. Was für eine Bedeutung hat die Spiegelung der Außenwelt in dem menschlichen Bewußtsein, welche Beziehung besteht zwischen unserem Denken über die Gegenstände der Wirklichkeit und den letzteren selbst?

B. DIE ERFAHRUNG

4. FESTSTELLUNG DES BEGRIFFES DER ERFAHRUNG

Zwei Gebiete stehen also einander gegenüber, unser Denken und die Gegenstände, mit denen sich dasselbe beschäftigt. Man bezeichnet die letzteren, insofern sie unserer Beobachtung zugänglich sind, als den Inhalt der Erfahrung. Ob es außer unserem Beobachtungsfelde noch Gegenstände des Denkens gibt und welcher Natur dieselben sind, wollen wir vorläufig ganz dahingestellt sein lassen. Unsere nächste Aufgabe wird es sein, jedes von den zwei bezeichneten Gebieten, Erfahrung und Denken, scharf zu umgrenzen. Wir müssen erst die Erfahrung in bestimmter Zeichnung vor uns haben und dann die Natur des Denkens erforschen. Wir treten an die erste Aufgabe heran.

Was ist Erfahrung? Jedermann ist sich dessen bewußt, daß sein Denken im Konflikte mit der Wirklichkeit angefacht wird. Die Gegenstände im Raume und in der Zeit treten an uns heran; wir nehmen eine vielfach gegliederte, höchst mannigfaltige Außenwelt wahr und durchleben eine mehr oder minder reichlich entwickelte Innenwelt. Die erste Gestalt, in der uns das alles gegenübertritt, steht fertig vor uns. Wir haben an ihrem Zustandekommen keinen Anteil. Wie aus einem uns unbekannten Jenseits entspringend, bietet sich zunächst die Wirklichkeit unserer sinnlichen und geistigen Auffassung dar. Zunächst können wir nur unseren Blick über die uns gegenübertretende Mannigfaltigkeit schweifen lassen.

Diese unsere erste Tätigkeit ist die sinnliche Auffassung der Wirklichkeit. Was sich dieser darbietet, müssen wir festhalten. Denn nur das können wir reine Erfahrung nennen.

Wir fühlen sogleich das Bedürfnis, die unendliche Mannigfaltigkeit von Gestalten, Kräften, Farben, Tönen usw., die vor uns auftritt, mit dem ordnenden Verstande zu durchdringen. Wir sind bestrebt, die gegenseitigen Abhängigkeiten aller uns entgegentretenden Einzelheiten aufzuklären. Wenn uns ein Tier in einer bestimmten Gegend erscheint, so fragen wir nach dem Einflusse der letzteren auf das Leben des Tieres; wenn wir sehen, wie ein Stein ins Rollen kommt, so suchen wir nach anderen Ereignissen, mit denen dieses zusammenhängt. Was aber auf solche Weise zustande kommt, ist nicht mehr *reine Erfahrung.* Es hat schon einen doppelten Ursprung: Erfahrung und Denken.

Reine Erfahrung ist die Form der Wirklichkeit, in der diese uns erscheint, wenn wir ihr mit vollständiger Entäußerung unseres Selbstes entgegentreten.

Auf diese Form der Wirklichkeit sind die Worte anwendbar, die Goethe in dem Aufsatze «Die Natur» ausgesprochen hat: «Wir sind von ihr umgeben und umschlungen. Ungebeten und ungewarnt nimmt sie uns in den Kreislauf ihres Tanzes auf.»

Bei den Gegenständen der äußeren Sinne springt das so in die Augen, daß es wohl kaum jemand leugnen wird. Ein Körper tritt uns zunächst als eine Vielheit von Formen, Farben, von Wärme- und Lichteindrücken entgegen, die plötzlich vor uns sind, wie aus einem uns unbekannten Urquell hervorgegangen.

Die psychologische Überzeugung, daß die Sinnenwelt, wie sie uns vorliegt, nichts an sich selbst ist, sondern bereits ein Produkt der Wechselwirkung einer uns unbekannten molekularen Außenwelt und unseres Organismus, widerspricht unserer Behauptung nicht. Wenn es auch wirklich wahr wäre, daß Farbe, Wärme usw. nichts weiter sind, als die Art, wie unser Organismus von der Außenwelt affiziert wird, so liegt doch der Prozeß, der das Geschehen der Außenwelt in Farbe, Wärme usw. umwandelt, gänzlich jenseits des *Bewußtseins.* Unser Organismus mag dabei welche Rolle immer spielen: unserem Denken liegt als fertige, uns aufgedrungene Wirklichkeitsform

(Erfahrung) nicht das molekulare Geschehen, sondern jene Farben, Töne usw. vor.

Nicht so klar liegt die Sache mit unserem Innenleben. Eine genauere Erwägung wird aber hier jeden Zweifel schwinden lassen, daß auch unsere inneren Zustände in derselben Form in den Horizont unseres Bewußtseins eintreten wie die Dinge und Tatsachen der Außenwelt. Ein Gefühl drängt sich mir ebenso auf wie ein Lichteindruck. Daß ich es in nähere Beziehung zu meiner eigenen Persönlichkeit bringe, ist in dieser Hinsicht ohne Belang. Wir müssen noch weiter gehen. Auch das Denken selbst erscheint uns zunächst als Erfahrungssache. Schon indem wir forschend an unser Denken herantreten, setzen wir es uns gegenüber, stellen wir uns seine erste Gestalt als von einem uns Unbekannten kommend vor.

Das kann nicht anders sein. Unser Denken ist, besonders wenn man seine Form als individuelle Tätigkeit innerhalb unseres Bewußtseins ins Auge faßt, *Betrachtung,* d. h. es richtet den Blick nach außen, auf ein Gegenüberstehendes. Dabei bleibt es zunächst als Tätigkeit stehen. Es würde ins Leere, ins Nichts blicken, wenn sich ihm nicht etwas gegenüberstellte.

Dieser Form des Gegenüberstellens muß sich alles fügen, was Gegenstand unseres Wissens werden soll. Wir sind unvermögend, uns über diese Form zu erheben. Sollen wir an dem Denken ein Mittel gewinnen, tiefer in die Welt einzudringen, dann muß es selbst zuerst Erfahrung werden. *Wir müssen das Denken innerhalb der Erfahrungstatsachen selbst als eine solche aufsuchen.*

Nur so wird unsere Weltanschauung der inneren Einheitlichkeit nicht entbehren. Sie würde es sogleich, wenn wir ein fremdes Element in sie hineintragen wollten. Wir treten der bloßen reinen Erfahrung gegenüber und suchen innerhalb ihrer selbst das Element, das über sich und über die übrige Wirklichkeit Licht verbreitet.

5. HINWEIS AUF DEN INHALT DER ERFAHRUNG

Sehen wir uns nun die reine Erfahrung einmal an. Was enthält sie, wie sie an unserem Bewußtsein vorüberzieht, ohne daß wir sie denkend bearbeiten? Sie ist bloßes Nebeneinander im Raume und Nacheinander in der Zeit; ein Aggregat aus lauter zusammenhanglosen Einzelheiten. Keiner der Gegenstände, die da kommen und gehen, hat mit dem anderen etwas zu tun. Auf dieser Stufe sind die Tatsachen, die wir wahrnehmen, die wir innerlich durchleben, absolut gleichgültig füreinander.

Die Welt ist da eine Mannigfaltigkeit von ganz gleichwertigen Dingen. Kein Ding, kein Ereignis darf den Anspruch erheben, eine größere Rolle in dem Getriebe der Welt zu spielen als ein anderes Glied der Erfahrungswelt. Soll uns klar werden, daß diese oder jene Tatsache größere Bedeutung hat als eine andere, so müssen wir die Dinge nicht bloß beobachten, sondern schon in gedankliche Beziehung setzen. Das rudimentäre Organ eines Tieres, das vielleicht nicht die geringste Bedeutung für dessen organische Funktionen hat, ist für die *Erfahrung* ganz gleichwertig mit dem wichtigsten Organe des Tierkörpers. Jene größere oder geringere Wichtigkeit wird uns eben erst klar, wenn wir über die Beziehungen der einzelnen Glieder der Beobachtung *nachdenken,* d. h. wenn wir die Erfahrung bearbeiten.

Für die *Erfahrung* ist die auf einer niedrigen Stufe der Organisation stehende Schnecke gleichwertig mit dem höchst entwickelten Tiere. Der Unterschied in der Vollkommenheit der Organisation erscheint uns erst, wenn wir die gegebene Mannigfaltigkeit begrifflich erfassen und durcharbeiten. Gleichwertig in dieser Hinsicht sind auch die Kultur des Eskimo und jene des gebildeten Europäers; Cäsars Bedeutung für die geschichtliche Entwicklung der Menschheit erscheint der *bloßen Erfahrung* nicht größer als die eines seiner Soldaten. In der Literaturgeschichte ragt Goethe nicht über

Gottsched empor, wenn es sich um die bloße erfahrungsmäßige Tatsächlichkeit handelt.

Die Welt ist uns auf dieser Stufe der Betrachtung gedanklich eine vollkommen ebene Fläche. Kein Teil dieser Fläche ragt über den anderen empor; keiner zeigt irgend einen gedanklichen Unterschied von dem anderen. Erst wenn der Funke des Gedankens in diese Fläche einschlägt, treten Erhöhungen und Vertiefungen ein, erscheint das eine mehr oder minder weit über das andere emporragend, formt sich alles in bestimmter Weise, schlingen sich Fäden von einem Gebilde zum anderen; wird alles zu einer in sich vollkommenen Harmonie.

Wir glauben durch unsere Beispiele wohl hinlänglich gezeigt zu haben, was wir unter jener größeren oder geringeren Bedeutung der Wahrnehmungsgegenstände (hier gleichbedeutend genommen mit Dingen der Erfahrung) verstehen, was wir uns unter jenem Wissen denken, das erst entsteht, wenn wir diese Gegenstände im *Zusammenhange* betrachten. Damit glauben wir zugleich vor dem Einwande gesichert zu sein, daß unsere Erfahrungswelt ja auch schon unendliche Unterschiede in ihren Objekten zeigt, *bevor* das Denken an sie herantritt. Eine rote Fläche unterscheide sich doch auch ohne Betätigung des Denkens von einer grünen. Das ist richtig. Wer uns aber damit widerlegen wollte, hat unsere Behauptung vollständig mißverstanden. Das gerade behaupten wir ja, daß es eine unendliche Menge von *Einzelheiten* ist, die uns in der Erfahrung geboten wird. Diese Einzelheiten müssen natürlich voneinander verschieden sein, sonst würden sie uns eben nicht als unendliche, zusammenhanglose Mannigfaltigkeit gegenübertreten. Von einer Unterschiedlosigkeit der wahrgenommenen Dinge ist gar nicht die Rede, sondern von ihrer vollständigen Beziehungslosigkeit, von der unbedingten Bedeutungslosigkeit der einzelnen sinnenfälligen Tatsache für das *Ganze* unseres Wirklichkeitsbildes. Gerade weil wir diese unendliche qualitative Verschiedenheit anerkennen, werden wir zu unseren Behauptungen gedrängt.

Träte uns eine in sich geschlossene, harmonisch gegliederte Einheit gegenüber, so könnten wir doch nicht von einer Gleichgültigkeit der einzelnen Glieder dieser Einheit in bezug auf einander sprechen.

Wer unser oben gebrauchtes Gleichnis deswegen nicht entsprechend fände, hätte es nicht beim eigentlichen Vergleichungspunkte gefaßt. Es wäre freilich falsch, wenn wir die unendlich verschieden gestaltete Wahrnehmungswelt mit der einförmigen Gleichmäßigkeit einer Ebene vergleichen wollten. Aber unsere Ebene soll durchaus nicht die mannigfaltige Erscheinungswelt versinnlichen, sondern das *einheitliche Gesamtbild,* das wir von dieser Welt haben, solange das Denken nicht an sie herangetreten ist. Auf diesem Gesamtbilde erscheint nach der Betätigung des Denkens jede Einzelheit nicht so, wie sie die bloßen Sinne vermitteln, sondern schon mit der Bedeutung, die sie für *das Ganze* der Wirklichkeit hat. Sie erscheint somit mit Eigenschaften, die ihr in der Form der Erfahrung vollständig fehlen.

Nach unserer Überzeugung ist es *Johannes Volkelt* vorzüglich gelungen, das in scharfen Umrissen zu zeichnen, was wir reine Erfahrung zu nennen berechtigt sind. Schon vor fünf Jahren in seinem Buche über «Kants Erkenntnistheorie»[4] ist sie vortrefflich charakterisiert und in seiner neuesten Veröffentlichung: «Erfahrung und Denken»[5] hat er die Sache dann weiter ausgeführt. Er hat das nun freilich zur Unterstützung einer Ansicht getan, die von der unsrigen grundverschieden ist und in einer wesentlich anderen Absicht, als die unsere gegenwärtig ist. Das kann uns aber nicht hindern, seine vorzügliche Charakterisierung der rei-

---

4 *Johannes Volkelt,* «Immanuel Kants Erkenntnistheorie [nach ihren Grundprincipien analysirt]». Leipzig 1879.

5 *Johannes Volkelt,* «Erfahrung und Denken. Kritische Grundlegung der Erkenntnistheorie». Hamburg und Leipzig 1886.

nen Erfahrung hierher zu setzen. Sie schildert uns einfach die Bilder, die in einem beschränkten Zeitabschnitte in völlig zusammenhangloser Weise vor unserem Bewußtsein vorüberziehen. Volkelt sagt:[6] «Jetzt hat z. B. mein Bewußtsein die Vorstellung, heute fleißig gearbeitet zu haben, zum Inhalte; unmittelbar daran knüpft sich der Vorstellungsinhalt, mit gutem Gewissen spazieren gehen zu können; doch plötzlich tritt das Wahrnehmungsbild der sich öffnenden Türe und des hereintretenden Briefträgers ein; das Briefträgerbild erscheint bald handausstrekkend, bald mundöffnend, bald das Gegenteil tuend: zugleich verbinden sich mit dem Wahrnehmungsinhalte des Mundöffnens allerhand Gehörseindrücke, unter anderen auch einer, daß es draußen zu regnen anfange. Das Briefträgerbild verschwindet aus meinem Bewußtsein, und die Vorstellungen, die nun eintreten, haben der Reihe nach zu ihrem Inhalte: Ergreifen der Schere, Öffnen des Briefes, Vorwurf unleserlichen Schreibens, Gesichtsbilder mannigfachster Schriftzeichen, mannigfache sich daran knüpfende Phantasiebilder und Gedanken; kaum ist diese Reihe vollendet, als wiederum die Vorstellung, fleißig gearbeitet zu haben, und die mit Mißmut begleitete Wahrnehmung des fortfahrenden Regens eintreten; doch beide verschwinden aus meinem Bewußtsein, und es taucht eine Vorstellung auf mit dem Inhalte, daß eine während des heutigen Arbeitens gelöst geglaubte Schwierigkeit nicht gelöst sei; damit zugleich sind die Vorstellungen: Willensfreiheit, empirische Notwendigkeit, Verantwortlichkeit, Wert der Tugend, Unbegreiflichkeit usw. eingetreten und verbinden sich miteinander in der verschiedenartigsten, kompliziertesten Weise; und ähnlich geht es weiter.»

Da haben wir für einen gewissen, beschränkten Zeitabschnitt das geschildert, was wir wirklich *erfahren,* diejenige Form der Wirklichkeit, an der das *Denken* gar keinen Anteil hat.

---

6 Kants Erkenntnistheorie. S. 168 f.

Man darf nun durchaus nicht glauben, daß man zu einem anderen Resultate gekommen wäre, wenn man statt dieser alltäglichen Erfahrung etwa die geschildert hätte, die wir an einem wissenschaftlichen Versuche oder an einem besonderen Naturphänomen machen. Hier wie dort sind es einzelne zusammenhanglose Bilder, die vor unserem Bewußtsein vorüberziehen. Erst das Denken stellt den Zusammenhang her.

Das Verdienst, in scharfen Konturen gezeigt zu haben, was uns eigentlich die von allem Gedanklichen entblößte Erfahrung gibt, müssen wir auch dem Schriftchen: «Gehirn und Bewußtsein» von Dr. Richard Wahle (Wien 1884) zuerkennen; nur mit der Einschränkung, daß, was Wahle als unbedingt gültige Eigenschaften der Erscheinungen der Außen- und Innenwelt hinstellt, nur von der *ersten Stufe* der Weltbetrachtung gilt, die wir charakterisiert haben. Wir wissen nach Wahle nur von einem Nebeneinander im Raume und einem Nacheinander in der Zeit. Von einem Verhältnisse der neben- oder nacheinander bestehenden Dinge kann nach ihm gar keine Rede sein. Es mag z. B. immerhin irgendwo ein innerer Zusammenhang zwischen dem warmen Sonnenstrahl und dem Erwärmen des Steines bestehen; wir wissen nichts von einem ursächlichen Zusammenhange; uns wird allein klar, daß auf die erste Tatsache die zweite folgt. Es mag auch irgendwo, in einer uns unzugänglichen Welt, ein innerer Zusammenhang zwischen unserem Gehirnmechanismus und unserer geistigen Tätigkeit bestehen; wir wissen nur, daß beides parallel verlaufende Vorkommnisse sind; wir sind durchaus nicht berechtigt, z. B. einen Kausalzusammenhang beider Erscheinungen anzunehmen.

Wenn freilich Wahle diese Behauptung zugleich als letzte Wahrheit der Wissenschaft hinstellt, so bestreiten wir diese Ausdehnung derselben; sie gilt aber vollkommen für die erste *Form,* in der wir die Wirklichkeit gewahr werden.

Nicht nur die Dinge der Außen- und die Vorgänge der Innenwelt stehen auf dieser Stufe unseres Wissens zusammenhanglos da, sondern auch unsere eigene Persönlichkeit ist eine isolierte Einzelheit gegenüber der übrigen Welt. Wir finden uns als *eine* der unzähligen Wahrnehmungen ohne Beziehung zu den Gegenständen, die uns umgeben.

6. BERICHTIGUNG EINER IRRIGEN AUFFASSUNG DER GESAMT-ERFAHRUNG

Hier ist nun der Ort, auf ein seit Kant bestehendes Vorurteil hinzuweisen, das sich bereits in gewissen Kreisen so eingelebt hat, daß es als Axiom gilt. Jeder, der es bezweifeln wollte, würde als ein Dilettant hingestellt, als ein Mensch, der nicht über die elementarsten Begriffe moderner Wissenschaft hinausgekommen ist. Ich meine die Ansicht, als ob es von vornherein feststünde, daß die gesamte Wahrnehmungswelt, diese unendliche Mannigfaltigkeit von Farben und Formen, von Tönen und Wärmedifferenzen usw. nichts weiter sei als unsere subjektive Vorstellungswelt, die nur Bestand habe, solange wir unsere Sinne den Einwirkungen einer uns unbekannten Welt offen halten. Die ganze Erscheinungswelt wird von dieser Ansicht für eine Vorstellung *innerhalb* unseres individuellen Bewußtseins erklärt, und auf Grundlage dieser Voraussetzung baut man weitere Behauptungen über die Natur des Erkennens auf. Auch Volkelt hat sich dieser Ansicht angeschlossen und seine in bezug auf die wissenschaftliche Durchführung meisterhafte Erkenntnistheorie darauf gegründet. Dennoch ist das keine *Grundwahrheit* und am wenigsten *dazu* berufen, an der *Spitze* der Erkenntniswissenschaft zu stehen.

Man mißverstehe uns nur ja nicht. Wir wollen nicht gegen die *physiologischen* Errungenschaften der Gegenwart einen gewiß ohnmächtigen Protest erheben. Was aber physiologisch vollkommen gerechtfertigt ist, das ist deshalb noch lange nicht berufen, an die Pforte der Erkenntnistheorie gestellt zu werden. Es mag als eine unumstößliche physiologische Wahrheit gelten, daß erst durch die Mitwirkung unseres Organismus der Komplex von Empfindungen und Anschauungen entsteht, den wir Erfahrung nannten. Es bleibt doch sicher, daß eine solche Erkenntnis erst das Resultat vieler Erwägungen und Forschungen sein kann. Dieses Charakteristikon, daß unsere Erscheinungswelt in *physiologischem Sinne* subjektiver Natur ist, ist schon eine gedankliche *Bestimmung* derselben; hat also ganz und gar nichts zu tun mit ihrem ersten Auftreten. Es setzt schon die Anwendung des *Denkens* auf die *Erfahrung* voraus. Es muß ihm daher die Untersuchung des Zusammenhanges dieser beiden Faktoren des Erkennens vorausgehen.

Man glaubt sich mit jener Ansicht erhaben über die vorkantsche «Naivität», die die Dinge im Raume und in der Zeit für Wirklichkeit hielt, wie es der naive Mensch, der keine wissenschaftliche Bildung hat, heute noch tut.

Volkelt behauptet: «daß alle Akte, die darauf Anspruch machen, ein objektives Erkennen zu sein, unabtrennbar an das erkennende, individuelle Bewußtsein gebunden sind, daß sie sich zunächst und unmittelbar nirgends anderswo als im Bewußtsein des Individuums vollziehen und daß sie über das Gebiet des Individuums hinauszugreifen und das Gebiet des draußenliegenden Wirklichen zu fassen oder zu betreten völlig außerstande sind».[7]

Nun ist es aber doch für ein unbefangenes Denken ganz unerfindlich, was die unmittelbar an uns herantretende Form der Wirklichkeit (die Erfahrung) an sich trage, das uns irgendwie berechtigen könnte, sie als bloße Vorstellung zu bezeichnen.

Schon die einfache Erwägung, daß der naive Mensch gar nichts an den Dingen bemerkt, was ihn auf diese Ansicht bringen könnte, lehrt uns, daß in den Objekten selbst ein zwingender Grund zu dieser Annahme *nicht* liegt. Was trägt ein Baum, ein Tisch an sich,

---

7 Siehe *Volkelt,* «Erfahrung und Denken». S. 4.

was mich dazu veranlassen könnte, ihn als bloßes Vorstellungsgebilde anzusehen? Zum mindesten darf das also nicht wie eine selbstverständliche Wahrheit hingestellt werden.

Indem Volkelt das letztere tut, verwickelt er sich in einen Widerspruch mit seinen eigenen Grundprinzipien. Nach unserer Überzeugung mußte er der von ihm erkannten Wahrheit, daß die Erfahrung nichts enthalte als ein zusammenhangloses Chaos von Bildern ohne jegliche gedankliche Bestimmung, untreu werden, um die subjektive Natur derselben Erfahrung behaupten zu können. Er hätte sonst einsehen müssen, daß das Subjekt des Erkennens, der Betrachter, ebenso beziehungslos innerhalb der Erfahrungswelt dasteht wie ein beliebiger anderer Gegenstand derselben. Legt man aber der wahrgenommenen Welt das Prädikat *subjektiv* bei, so ist das ebenso eine *gedankliche Bestimmung,* wie wenn man den fallenden Stein für die *Ursache* des Eindruckes im Boden ansieht. Volkelt selbst will doch aber keinerlei Zusammenhang der Erfahrungsdinge gelten lassen. Da liegt der Widerspruch seiner Anschauung, da wurde er seinem Prinzipe, das er von der reinen Erfahrung ausspricht, untreu. Er schließt sich dadurch in seine Individualität ein und ist nicht mehr imstande, aus derselben herauszukommen. Ja, er gibt das rücksichtslos zu. Es bleibt für ihn alles zweifelhaft, was über die abgerissenen Bilder der Wahrnehmungen hinaus liegt. Zwar bemüht sich, nach seiner Ansicht, unser Denken von dieser Vorstellungswelt aus auf eine objektive Wirklichkeit zu schließen; allein alles Hinausgehen über dieselbe kann uns nicht zu wirklich gewissen Wahrheiten führen. Alles Wissen, das wir durch das Denken gewinnen, ist nach Volkelt vor dem Zweifel nicht geschützt. Es kommt in keiner Weise an Gewißheit der unmittelbaren Erfahrung gleich. Diese allein liefert ein nicht zu bezweifelndes Wissen. Wir haben gesehen, was für ein mangelhaftes.

Doch das alles kommt nur daher, daß Volkelt der sinnenfälligen Wirklichkeit (Erfahrung) eine Eigenschaft beilegt, die ihr in keiner

Weise zukommen kann, und dann auf dieser Voraussetzung seine weiteren Annahmen aufbaut.

Wir mußten auf die Schrift von Volkelt besondere Rücksicht nehmen, weil sie die bedeutendste Leistung der Gegenwart auf diesem Gebiete ist, und auch deshalb, weil sie als Typus für alle erkenntnistheoretischen Bemühungen gelten kann, die der von uns auf Grundlage der Goetheschen Weltanschauung vertretenen Richtung prinzipiell gegenüberstehen.

7. BERUFUNG AUF DIE ERFAHRUNG JEDES EINZELNEN LESERS

Wir wollen den Fehler vermeiden, dem unmittelbar Gegebenen, der ersten Form des Auftretens der Außen- und Innenwelt, von vornherein eine Eigenschaft beizulegen und so auf Grund einer *Voraussetzung* unsere Ausführungen zur Geltung zu bringen. Ja, wir bestimmen die Erfahrung geradezu als dasjenige, an dem unser Denken gar keinen Anteil hat. Von einem gedanklichen Irrtum kann also am Anfange unserer Ausführungen nicht die Rede sein.

Gerade darin besteht der Grundfehler vieler wissenschaftlicher Bestrebungen, namentlich der Gegenwart, daß sie glauben die reine Erfahrung wiederzugeben, während sie nur die von ihnen selbst in dieselbe hineingelegten Begriffe wieder herauslesen. Nun kann man uns ja einwenden, daß auch wir der reinen Erfahrung eine Menge von Attributen beigelegt haben. Wir bezeichneten sie als unendliche Mannigfaltigkeit, als ein Aggregat zusammenhangloser Einzelheiten usw. Sind das denn nicht auch gedankliche Bestimmungen? In dem Sinne, wie wir sie gebrauchten, gewiß nicht. Wir haben uns dieser Begriffe nur bedient, um den Blick des Lesers auf die gedankenfreie Wirklichkeit zu lenken. Wir wollen diese Begriffe der Erfahrung nicht beilegen; wir bedienen uns ihrer nur, um die Aufmerksamkeit auf jene Form der Wirklichkeit zu lenken, die jedes Begriffes bar ist.

Alle wissenschaftlichen Untersuchungen müssen ja mittels der Sprache vollführt werden, und die kann wieder nur Begriffe ausdrücken. Aber es ist doch etwas wesentlich anderes, ob man gewisse Worte braucht, um diese oder jene Eigenschaft einem Dinge direkt zuzusprechen oder ob man sich ihrer nur bedient, um den Blick des Lesers oder Zuhörers auf einen Gegenstand zu lenken. Wenn wir uns eines Vergleiches bedienen dürften, so würden wir etwa sagen: Ein anderes ist es, wenn A zu B sagt: «Betrachte jenen Menschen im Kreise seiner Familie und du wirst ein wesentlich anderes Urteil über ihn gewinnen, als wenn du ihn nur in seiner Amtsgebarung kennen lernst»; ein anderes ist es, wenn er sagt: «Jener Mensch ist ein vortrefflicher Familienvater.» Im ersten Falle wird die Aufmerksamkeit des B in einem gewissen Sinne gelenkt; er wird darauf hingewiesen, eine Persönlichkeit unter gewissen Umständen zu beurteilen. Im zweiten Falle wird dieser Persönlichkeit einfach eine bestimmte Eigenschaft beigelegt, also eine Behauptung aufgestellt. So wie hier der erste Fall zum zweiten, so soll sich unser Anfang in dieser Schrift zu dem ähnlicher Erscheinungen der Literatur verhalten. Wenn irgendwo durch die notwendige Stilisierung oder um der Möglichkeit, sich auszudrücken, willen die Sache scheinbar anders ist, so bemerken wir hier ausdrücklich, daß unsere Ausführungen nur den hier auseinandergesetzten Sinn haben und weit entfernt sind von dem Anspruche, irgendwelche von den Dingen selbst geltende Behauptung vorgebracht zu haben.

Wenn wir nun für die erste Form, in der wir die Wirklichkeit beobachten, einen Namen haben wollten, so glauben wir wohl den der Sache am angemessensten in dem Ausdrucke: *Erscheinung für die Sinne* zu finden. Wir verstehen da unter *Sinn* nicht bloß die äußeren Sinne, die Vermittler der Außenwelt, sondern überhaupt *alle* leiblichen und geistigen Organe, die der Wahrnehmung der unmittelbaren Tatsachen dienen. Es ist ja eine in der Psychologie ganz gebräuchliche Benennung:

innerer Sinn für das Wahrnehmungsvermögen der inneren Erlebnisse.

Mit dem Worte *Erscheinung* aber wollen wir einfach ein für uns wahrnehmbares Ding oder einen wahrnehmbaren Vorgang bezeichnen, insofern dieselben im Raume oder in der Zeit auftreten.

Wir müssen hier nun noch eine Frage anregen, die uns zu dem zweiten Faktor, den wir behufs der Erkenntniswissenschaft zu betrachten haben, führen soll, zu dem *Denken*.

Ist die Art, wie uns die Erfahrung bisher bekannt geworden ist, als etwas im Wesen der Sache Begründetes anzusehen? Ist sie eine Eigenschaft der Wirklichkeit?

Von der Beantwortung dieser Frage hängt sehr viel ab. Ist nämlich diese Art eine wesentliche Eigenschaft der Erfahrungsdinge, etwas, was ihnen im wahrsten Sinne des Wortes ihrer Natur nach zukommt, dann ist nicht abzusehen, wie man überhaupt je diese Stufe des Erkennens überschreiten soll. Man müßte sich einfach darauf verlegen, alles, was wir wahrnehmen, in zusammenhanglosen Notizen aufzuzeichnen, und eine solche Notizensammlung wäre unsere Wissenschaft. Denn, was sollte alles Forschen nach dem Zusammenhange der Dinge, wenn die, ihnen in der Form der Erfahrung zukommende, vollständige Isoliertheit ihre wahre Eigenschaft wäre?

Ganz anders verhielte es sich, wenn wir es in dieser Form der Wirklichkeit nicht mit deren Wesen, sondern nur mit ihrer ganz unwesentlichen Außenseite zu tun hätten, wenn wir nur eine Hülle von dem wahren Wesen der Welt vor uns hätten, die uns das letztere verbirgt und uns auffordert, weiter nach demselben zu forschen. Wir müßten dann danach trachten, diese Hülle zu durchdringen. Wir müßten von dieser ersten Form der Welt ausgehen, um uns ihrer wahren (wesentlichen) Eigenschaften zu bemächtigen. Wir müßten die *Erscheinung für die Sinne* überwinden, um daraus eine höhere Erscheinungsform zu entwickeln. – Die Antwort auf diese Frage ist in den folgenden Untersuchungen gegeben.

C. DAS DENKEN

8. DAS DENKEN ALS HÖHERE ERFAHRUNG IN DER ERFAHRUNG

Wir finden innerhalb des zusammenhanglosen Chaos der Erfahrung, und zwar zunächst auch als Erfahrungstatsache, ein Element, das uns über die Zusammenhanglosigkeit hinausführt. Es ist das *Denken.* Das Denken nimmt schon als eine Erfahrungstatsache innerhalb der Erfahrung eine Ausnahmestellung ein.

Bei der übrigen Erfahrungswelt komme ich, wenn ich bei dem stehen bleibe, was meinen Sinnen unmittelbar vorliegt, nicht über die Einzelheiten hinaus. Angenommen: Ich habe eine Flüssigkeit vor mir, die ich zum Sieden bringe. Dieselbe ist erst ruhig, dann sehe ich Dampfblasen aufsteigen, sie gerät in Bewegung, und endlich geht sie in Dampfform über. Das sind die einzelnen aufeinanderfolgenden Wahrnehmungen. Ich mag die Sache drehen und wenden, wie ich will: wenn ich dabei stehen bleibe, was mir die Sinne liefern, so finde ich keinen Zusammenhang der Tatsachen. Beim Denken ist das nicht der Fall. Wenn ich z. B. den Gedanken der Ursache fasse, so führt mich dieser durch seinen eigenen Inhalt zu dem der Wirkung. Ich brauche die Gedanken nur in jener Form festzuhalten, in der sie in unmittelbarer Erfahrung auftreten, und sie erscheinen schon als gesetzmäßige Bestimmungen.

Was bei der übrigen Erfahrung erst anderswo hergeholt werden muß, wenn es überhaupt auf sie anwendbar ist, der *gesetzliche Zusammenhang,* ist im Denken schon in seinem allerersten Auftreten vorhanden. Bei der übrigen Erfahrung prägt sich *nicht* die ganze Sache schon in dem aus, was als Erscheinung vor meinem Bewußtsein auftritt; beim Denken geht die ganze Sache ohne Rückstand in dem mir Gegebenen auf. Dort muß ich erst die Hülle durchdringen, um auf den Kern zu kommen, hier ist Hülle und Kern eine ungetrennte Einheit. Es ist nur eine allgemein-menschliche Befangenheit, wenn uns das Denken zuerst ganz analog der übrigen Erfahrung erscheint. Wir brauchen bei ihm bloß diese *unsere* Befangenheit zu überwinden. Bei der übrigen Erfahrung müssen wir eine in *der Sache* liegende Schwierigkeit lösen.

Im Denken ist dasjenige, was wir bei der übrigen Erfahrung suchen, selbst unmittelbare Erfahrung geworden.

Darin ist die Lösung einer Schwierigkeit gegeben, die auf andere Weise wohl kaum gelöst werden wird. Bei der Erfahrung stehen zu bleiben, ist eine berechtigte wissenschaftliche Forderung. Nicht weniger aber ist eine solche die Aufsuchung der inneren Gesetzmäßigkeit der Erfahrung. *Es muß also dieses Innere selbst an einer Stelle der Erfahrung als solche auftreten.* Die Erfahrung wird so mit Hilfe ihrer selbst vertieft. Unsere Erkenntnistheorie erhebt die Forderung der Erfahrung in der höchsten Form, sie weist jeden Versuch zurück, etwas von außen in die Erfahrung hineinzutragen. Die Bestimmungen des Denkens findet sie selbst innerhalb der Erfahrung. Die Art, wie das Denken in die Erscheinung eintritt, ist dieselbe wie bei der übrigen Erfahrungswelt.

Das Prinzip der Erfahrung wird zumeist in seiner Tragweite und eigentlichen Bedeutung verkannt. In seiner schroffsten Form ist es die Forderung, die Gegenstände der Wirklichkeit in der ersten Form ihres Auftretens zu belassen und sie nur so zu Objekten der Wissenschaft zu machen. Das ist ein rein methodisches Prinzip. Es sagt über den Inhalt dessen, was erfahren wird, gar nichts aus. Wollte man behaupten, daß nur die *Wahrnehmungen der Sinne* Gegenstand der Wissenschaft sein können, wie das der Materialismus tut, so dürfte man sich auf dieses Prinzip *nicht* stützen. Ob der Inhalt sinnlich oder ideell ist, darüber fällt dieses Prinzip kein Urteil. Soll es aber in einem bestimmten Falle in der erwähnten schroffsten Form anwendbar sein, dann macht es allerdings eine Voraussetzung. Es fordert nämlich, daß die Gegenstände, wie sie erfahren werden, schon eine Form haben, die dem wissenschaftlichen Streben genügt. Bei der Erfahrung der äußeren Sinne ist das, wie wir gesehen haben, nicht der Fall. Es findet nur beim Denken statt.

Nur beim Denken kann das Prinzip der Erfahrung in seiner extremsten Bedeutung angewendet werden.

Das schließt nicht aus, daß das Prinzip auch auf die übrige Welt ausgedehnt wird. Es hat ja noch andere Formen als seine extremste. Wenn wir einen Gegenstand behufs wissenschaftlicher Erklärung nicht so belassen können, wie er unmittelbar wahrgenommen wird, so kann diese Erklärung ja immerhin so geschehen, daß die Mittel, die sie beansprucht, aus anderen Gebieten der Erfahrungswelt herbeigezogen werden. Da haben wir das Gebiet der *«Erfahrung überhaupt»* ja doch nicht überschritten.

Eine im Sinne der Goetheschen Weltanschauung begründete Erkenntniswissenschaft legt das Hauptgewicht darauf, daß sie dem Prinzipe der Erfahrung durchaus treu bleibt. Niemand hat so wie Goethe die ausschließliche Geltung dieses Prinzipes erkannt. Er vertrat das Prinzip ganz so strenge, wie wir es oben gefordert haben. Alle höheren Ansichten über die Natur durften ihm als nichts denn als Erfahrung erscheinen. Sie sollten «höhere Natur innerhalb der Natur»[8] sein.

In dem Aufsatze: «Die Natur» sagt er, wir seien unvermögend aus der Natur herauszukommen. Wollen wir uns also in diesem seinem Sinne über dieselbe aufklären, so müssen wir dazu *innerhalb* derselben die Mittel finden.

Wie könnte man aber eine Wissenschaft des Erkennens auf das Erfahrungsprinzip gründen, wenn wir nicht an irgend einem Punkte der Erfahrung selbst das Grundelement aller Wissenschaftlichkeit, die ideelle Gesetzmäßigkeit fänden. Wir brauchen dieses Element, wie wir gesehen haben, nur aufzunehmen; wir brauchen uns nur in dasselbe zu vertiefen. Denn es findet sich in der Erfahrung.

Tritt nun das Denken wirklich in einer Weise an uns heran, wird es unserer Individualität so bewußt, daß wir mit vollem Rechte

---

8 Siehe *Goethes* «Dichtung und Wahrheit» [3. Teil, 11. Buch] (XXII 24 f.).

die oben hervorgehobenen Merkmale für dasselbe in Anspruch nehmen dürfen? Jedermann, der seine Aufmerksamkeit auf diesen Punkt richtet, wird finden, daß ein wesentlicher Unterschied zwischen der Art besteht, wie eine äußere Erscheinung der sinnenfälligen Wirklichkeit, ja selbst wie ein anderer Vorgang unseres Geisteslebens bewußt wird, und jener, wie wir unser eigenes Denken gewahr werden. Im ersten Falle sind wir uns bestimmt bewußt, daß wir einem fertigen Dinge gegenübertreten; fertig nämlich insoweit, als es Erscheinung geworden ist, ohne daß wir auf dieses Werden einen *bestimmenden* Einfluß ausgeübt haben. Anders ist das beim Denken. Das erscheint nur für den ersten Augenblick der übrigen Erfahrung gleich. Wenn wir irgend einen Gedanken fassen, so wissen wir, bei aller Unmittelbarkeit, mit der er in unser Bewußtsein eintritt, daß wir mit seiner Entstehungsweise innig verknüpft sind. Wenn ich irgend einen Einfall habe, der mir ganz plötzlich gekommen ist und dessen Auftreten daher in gewisser Hinsicht ganz dem eines äußeren Ereignisses gleichkommt, das mir Augen und Ohren erst vermitteln müssen: so weiß ich doch immerhin, daß das Feld, auf dem dieser Gedanke zur Erscheinung kommt, *mein* Bewußtsein ist; ich weiß, daß *meine* Tätigkeit erst in Anspruch genommen werden muß, um den Einfall zur Tatsache werden zu lassen. Bei jedem äußeren Objekt bin ich gewiß, daß es meinen Sinnen zunächst nur seine Außenseite zuwendet; beim Gedanken weiß ich genau, daß das, was er mir zuwendet, zugleich sein *Alles* ist, daß er als in sich vollendete Ganzheit in mein Bewußtsein eintritt. Die äußeren Triebkräfte, die wir bei einem Sinnenobjekte stets voraussetzen müssen, sind beim Gedanken nicht vorhanden. Sie sind es ja, denen wir es zuschreiben müssen, daß uns die Sinneserscheinung als etwas Fertiges entgegentritt; ihnen müssen wir das *Werden* derselben zurechnen. Beim Gedanken bin ich mir klar, daß jenes *Werden* ohne meine Tätigkeit nicht möglich ist. Ich muß den Gedanken durcharbeiten, muß seinen Inhalt nachschaffen, muß ihn innerlich *durchleben* bis in seine kleinsten Teile, wenn er überhaupt irgendwelche Bedeutung für mich haben soll.

Wir haben bisher nun folgende Wahrheiten gewonnen. Auf der ersten Stufe der Weltbetrachtung tritt uns die gesamte Wirklichkeit als zusammenhangloses Aggregat entgegen; das Denken ist innerhalb dieses Chaos eingeschlossen. Durchwandern wir diese Mannigfaltigkeit, so finden wir ein Glied in derselben, welches schon in dieser ersten Form des Auftretens jenen Charakter hat, den die übrigen erst gewinnen sollen. Dieses Glied ist das Denken. Was bei der übrigen Erfahrung zu überwinden ist, die Form des unmittelbaren Auftretens, das gerade ist beim Denken festzuhalten. Diesen in seiner ursprünglichen Gestalt zu belassenden Faktor der Wirklichkeit finden wir in unserem Bewußtsein und sind mit ihm dergestalt verbunden, *daß die Tätigkeit unseres Geistes zugleich die Erscheinung dieses Faktors ist.* Es ist eine und dieselbe Sache von zwei Seiten betrachtet. Diese Sache ist der Gedankengehalt der Welt. Das eine Mal erscheint er als *Tätigkeit unseres Bewußtseins,* das andere Mal als *unmittelbare Erscheinung einer in sich vollendeten Gesetzmäßigkeit, ein in sich bestimmter ideeller Inhalt.* Wir werden alsbald sehen, welche Seite die größere Wichtigkeit hat.

Deshalb nun, weil wir *innerhalb* des Gedankeninhaltes stehen, denselben in allen seinen Bestandteilen durchdringen, sind wir imstande, dessen *eigenste Natur* wirklich zu erkennen. Die Art, wie er an uns herantritt, ist eine Bürgschaft dafür, daß ihm die Eigenschaften, die wir ihm vorhin beigelegt haben, wirklich zukommen. Er kann also gewiß als Ausgangspunkt für jede weitere Art der Weltbetrachtung dienen. Seinen *wesentlichen* Charakter können wir aus *ihm selbst* entnehmen; wollen wir *den* der übrigen Dinge gewinnen, so müssen wir von ihm aus unsere Untersuchungen beginnen. Wir wollen uns gleich deutlicher aussprechen. *Da wir nur im Denken eine wirkliche Gesetzmäßigkeit, eine ideelle Bestimmtheit erfahren, so muß die Gesetzmäßigkeit der übrigen Welt, die wir nicht an dieser selbst erfahren, auch schon im Denken eingeschlossen liegen.* Mit anderen Worten: *Erscheinung für die Sinne* und *Denken* stehen einander in der Erfahrung gegenüber. Jene gibt uns aber über ihr eigenes Wesen keinen Aufschluß; dieses gibt uns denselben zugleich über *sich selbst* und über das Wesen jener *Erscheinung für die Sinne.*

9. DENKEN UND BEWUSSTSEIN

Nun aber scheint es, als ob wir hier das subjektivistische Element, das wir doch so entschieden von unserer Erkenntnistheorie fernhalten wollten, selbst einführten. Wenn schon nicht die übrige Wahrnehmungswelt – könnte man aus unseren Auseinandersetzungen herauslesen – so trage doch der Gedanke, selbst nach unserer Ansicht, einen subjektiven Charakter.

Dieser Einwand beruht auf einer Verwechslung des Schauplatzes unserer Gedanken mit jenem Elemente, von dem sie ihre inhaltlichen Bestimmungen, ihre innere Gesetzlichkeit erhalten. Wir produzieren einen Gedankeninhalt durchaus nicht so, daß wir in dieser Produktion bestimmten, welche Verbindungen unsere Gedanken einzugehen haben. Wir geben nur die Gelegenheitsursache her, daß sich der Gedankeninhalt *seiner eigenen Natur gemäß* entfalten kann. Wir fassen den Gedanken *a* und den Gedanken *b* und geben denselben Gelegenheit, in eine gesetzmäßige Verbindung einzugehen, indem wir sie miteinander in Wechselwirkung bringen. Nicht unsere subjektive Organisation ist es, die diesen Zusammenhang von *a* und *b* in einer gewissen Weise *bestimmt,* sondern der Inhalt von *a* und *b* selbst ist das *allein Bestimmende.* Daß sich *a* zu *b* gerade in einer bestimmten Weise verhält und nicht anders, darauf haben wir nicht den mindesten Einfluß. *Unser Geist vollzieht die Zusammensetzung der Gedankenmassen nur nach Maßgabe ihres Inhal-*

tes. Wir erfüllen also im Denken das Erfahrungsprinzip in seiner schroffsten Form.

Damit ist die Ansicht Kants und Schopenhauers und im weiteren Sinne auch Fichtes widerlegt, daß die Gesetze, die wir behufs Erklärung der Welt annehmen, nur ein Resultat unserer eigenen geistigen Organisation seien, daß wir sie nur vermöge unserer geistigen Individualität in die Welt *hineinlegen*.

Man könnte vom subjektivistischen Standpunkte aus noch etwas einwenden. Wenn schon der gesetzliche Zusammenhang der Gedankenmassen von uns nicht nach Maßgabe unserer Organisation vollzogen wird, sondern von ihrem Inhalt abhängt, so könnte doch eben dieser Inhalt ein rein subjektives Produkt, eine bloße Qualität unseres Geistes sein; so daß wir nur Elemente verbinden würden, die wir erst selbst erzeugten. Dann wäre unsere Gedankenwelt nicht minder ein subjektiver Schein. Diesem Einwande ist aber ganz leicht zu begegnen. Wir würden nämlich, wenn er begründet wäre, den Inhalt unseres Denkens nach Gesetzen verknüpfen, von denen wir wahrhaftig nicht wüßten, wo sie herkommen. Wenn dieselben nicht aus unserer Subjektivität entspringen, was wir vorhin doch in Abrede stellten und jetzt als abgetan betrachten können, was soll uns denn Verknüpfungsgesetze für einen Inhalt liefern, den wir selbst erzeugen?

Unsere Gedankenwelt ist also eine völlig auf sich selbst gebaute Wesenheit, eine in sich selbst geschlossene, in sich vollkommene und vollendete Ganzheit. Wir sehen hier, welche von den zwei Seiten der Gedankenwelt die wesentliche ist: die *objektive* ihres Inhaltes und *nicht* die *subjektive* ihres Auftretens.

Am klarsten tritt diese Einsicht in die innere Gediegenheit und Vollkommenheit des Denkens in dem wissenschaftlichen Systeme Hegels auf. Keiner hat in dem Grade, wie er, dem Denken eine so vollkommene Macht zugetraut, daß es aus sich heraus eine Weltanschauung begründen könne. Hegel hat ein *absolutes Vertrauen* auf das Denken, ja es ist der einzige Wirklichkeitsfaktor, dem er im wahren Sinne des Wortes vertraut. So richtig seine Ansicht im allgemeinen auch ist, so ist es aber gerade er, der das Denken durch die allzu schroffe Form, in der er es verteidigt, um alles Ansehen gebracht hat. Die Art, wie er seine Ansicht vorgebracht hat, ist schuld an der heillosen Verwirrung, die in unser «Denken über das Denken» gekommen ist. Er hat die Bedeutung des Gedankens, der Idee, so recht anschaulich machen wollen dadurch, daß er die Denknotwendigkeit zugleich als die Notwendigkeit der Tatsachen bezeichnete. Damit hat er den Irrtum hervorgerufen, daß die Bestimmungen des Denkens nicht rein ideelle seien, sondern tatsächliche. Man faßte seine Ansicht bald so auf, als ob er in der Welt der sinnenfälligen Wirklichkeit selbst den Gedanken wie eine Sache gesucht hätte. Er hat das wohl auch nie so ganz klargelegt. *Es muß eben festgestellt werden, daß das Feld des Gedankens einzig das menschliche Bewußtsein ist.* Dann muß gezeigt werden, daß durch diesen Umstand die Gedankenwelt nichts an Objektivität einbüßt. Hegel kehrte nur die objektive Seite des Gedankens hervor; die Mehrheit aber sieht, weil dies leichter ist, nur die subjektive; und es dünkt ihr, daß jener etwas rein Ideelles wie eine Sache behandelt, mystifiziert habe. Selbst viele Gelehrte der Gegenwart sind von diesem Irrtum nicht freizusprechen. Sie verdammen Hegel wegen eines Mangels, den er nicht an sich hat, den man aber freilich in ihn hineinlegen kann, weil er die betreffende Sache zu wenig klargestellt hat.

Wir geben zu, daß hier für unser Urteilsvermögen eine Schwierigkeit vorliegt. Wir glauben aber, daß dieselbe für jedes energische Denken zu überwinden ist. Wir müssen uns zweierlei vorstellen: einmal, daß wir die ideelle Welt *tätig* zur Erscheinung bringen, und zugleich, daß das, was wir tätig ins Dasein rufen, *auf seinen eigenen Gesetzen beruht.* Wir sind nun freilich gewohnt, uns eine Erscheinung so vorzustellen, daß wir ihr nur passiv, beobachtend gegenüberzutreten brauchten. Allein das ist kein unbedingtes Erfordernis. So ungewohnt uns die Vorstellung sein mag, daß wir selbst ein Objektives tätig zur Erscheinung bringen, daß wir mit anderen Worten eine Erscheinung nicht bloß wahrnehmen, sondern zugleich produzieren: sie ist keine unstatthafte.

Man braucht einfach die gewöhnliche Meinung aufzugeben, daß es so viele Gedankenwelten gibt als menschliche Individuen. Diese Meinung ist ohnehin nichts weiter als ein althergebrachtes Vorurteil. Sie wird überall stillschweigend vorausgesetzt, ohne Bewußtsein, daß eine andere zum mindesten ebensogut möglich ist, und daß die Gründe der Gültigkeit der einen oder der andern denn doch erst erwogen werden müssen. Man denke sich an Stelle *dieser* Meinung einmal die folgende gesetzt: es gibt überhaupt nur *einen einzigen* Gedankeninhalt und unser individuelles Denken sei weiter nichts als ein Hineinarbeiten unseres Selbstes, unserer individuellen Persönlichkeit in das *Gedankenzentrum* der Welt. Ob diese Ansicht richtig ist oder nicht, das zu untersuchen ist hier nicht der Ort; aber *möglich* ist sie und wir haben erreicht, was wir wollten; nämlich gezeigt, daß es immerhin ganz gut angeht, die von uns als notwendig hingestellte Objektivität des Denkens auch anderweitig als widerspruchslos erscheinen zu lassen.

In Anbetracht der Objektivität läßt sich die Arbeit des Denkers ganz gut mit der des Mechanikers vergleichen. Wie dieser die Kräfte der Natur in ein Wechselspiel bringt und dadurch eine zweckmäßige Tätigkeit und Kraftäußerung herbeiführt, so läßt der Denker die Gedankenmassen in lebendige Wechselwirkung treten, und sie entwickeln sich zu den Gedankensystemen, die unsere Wissenschaften ausmachen.

Durch nichts wird eine Anschauung besser beleuchtet als durch die Aufdeckung der ihr entgegenstehenden Irrtümer. Wir wollen hier diese von uns schon wiederholt mit Vorteil angewendete Methode wieder anrufen.

Man glaubt gewöhnlich, wir verbinden gewisse Begriffe deshalb zu größeren Komplexen, oder wir denken überhaupt in einer gewissen Weise deshalb, weil wir einen gewissen inneren (logischen) Zwang verspüren, dies zu tun. Auch Volkelt hat sich dieser Ansicht angeschlossen. Wie stimmt sie aber zu der *durchsichtigen Klarheit,* mit der unsere ganze Gedankenwelt in unserem Bewußtsein gegenwärtig ist? Wir kennen überhaupt nichts in der Welt genauer als unsere Gedanken. Soll da nun ein gewisser Zusammenhang auf Grund eines inneren *Zwanges* hergestellt werden, wo alles so klar ist? Was brauche ich den Zwang, wenn ich die Natur des zu Verbindenden kenne, durch und durch kenne, und mich also nach *ihr* richten kann. Alle unsere Gedankenoperationen sind Vorgänge, die sich vollziehen auf Grund der *Einsicht* in die Wesenheiten der Gedanken und nicht nach Maßgabe eines Zwanges. Ein solcher Zwang widerspricht der Natur des Denkens.

Es könnte immerhin sein, daß es zwar im Wesen des Denkens liege, in seine Erscheinung zugleich seinen Inhalt einzuprägen, daß wir den letzteren aber trotzdem vermöge der Organisation unseres Geistes nicht unmittelbar wahrnehmen können. Das ist aber nicht der Fall. Die Art, wie der Gedankeninhalt an uns herantritt, ist uns eine Bürgschaft dafür, daß wir hier das Wesen der Sache vor uns haben. Wir sind uns ja bewußt, daß *wir* jeden Vorgang innerhalb der Gedankenwelt mit unserem Geiste begleiten. Man kann sich doch nur denken, daß die Erscheinungsform von dem *Wesen der Sache* bedingt ist. Wie sollten wir die Erscheinungsform *nachschaffen,* wenn wir das Wesen der Sache nicht kennten. Man kann sich wohl denken, daß uns die Erscheinungsform als fertiges Ganze gegenübertritt und wir *dann* den Kern derselben suchen. Man kann aber durchaus nicht der Ansicht sein, daß man zur *Hervorbringung* der Erscheinung mitwirkt, ohne dieses Hervorbringen von dem Kerne heraus zu bewirken.

10. INNERE NATUR DES DENKENS

Wir treten dem Denken noch um einen Schritt näher. Bisher haben wir bloß die Stellung desselben zu der übrigen Erfahrungswelt betrachtet. Wir sind zu der Ansicht gekommen, daß es innerhalb derselben eine ganz bevorzugte Stellung einnimmt, daß es eine *zentrale Rolle* spielt. Davon wollen wir jetzt absehen. Wir wollen uns hier nur auf die *innere* Natur des Denkens beschränken. Wir wollen den selbsteigenen Charakter der Gedankenwelt untersuchen, um zu erfahren, wie *ein* Gedanke von dem *andern* abhängt; wie die Gedanken *zueinander* stehen. Daraus erst werden sich uns die Mittel ergeben, Aufschluß über die Frage zu gewinnen: was ist überhaupt *Erkennen?* Oder mit anderen Worten: Was heißt es, sich Gedanken über die Wirklichkeit zu machen; was heißt es, sich durch Denken mit der Welt auseinandersetzen zu wollen?

Wir müssen uns da von jeder vorgefaßten Meinung frei erhalten. Eine solche aber wäre es, wenn wir voraussetzen wollten, der Begriff (Gedanke) sei das Bild *innerhalb* unseres Bewußtseins, durch das wir Aufschluß über einen *außerhalb* desselben liegenden Gegenstand gewinnen. Von dieser und ähnlichen Voraussetzungen ist an diesem Orte nicht die Rede. Wir nehmen die Gedanken, wie wir sie vorfinden. Ob sie zu irgend etwas anderem eine Beziehung haben und was für eine, das wollen wir eben untersuchen. Wir dürfen es daher nicht hier als Ausgangspunkt hinstellen. Gerade die angedeutete Ansicht über das Verhältnis von Begriff und Gegenstand ist sehr häufig. Man definiert ja oft den Begriff als das geistige Gegenbild eines außerhalb des Geistes liegenden Gegenstandes. Die Begriffe sollen die Dinge abbilden, uns eine getreue Photographie derselben vermitteln. Man denkt oft, wenn man vom Denken spricht, überhaupt nur an dieses vorausgesetzte Verhältnis. Fast nie trachtet man danach, das Reich der Gedanken innerhalb seines eigenen Gebietes einmal zu durchwandern, um zu sehen, was sich hier ergibt.

Wir wollen dieses Reich hier in der Weise untersuchen, als ob es außerhalb der Grenzen desselben überhaupt nichts mehr gäbe, als ob das Denken *alle Wirklichkeit* wäre. Wir sehen für einige Zeit von der ganzen übrigen Welt ab.

Daß man das in den erkenntnistheoretischen Versuchen, die sich auf Kant stützen, unterlassen hat, ist verhängnisvoll für die Wissenschaft geworden. Diese Unterlassung hat den Anstoß zu einer Richtung in dieser Wissenschaft gegeben, die der unsrigen völlig entgegengesetzt ist. Diese Wissenschaftsrichtung kann ihrer ganzen Natur nach *Goethe* nie begreifen. Es ist im wahrsten Sinne des Wortes *ungoethisch,* von einer Behauptung auszugehen, die man nicht in der Beobachtung vorfindet, sondern selbst in das Beobachtete hineinlegt. Das geschieht aber, wenn man die Ansicht an die Spitze der Wissenschaft stellt: Zwischen Denken und Wirklichkeit, Idee und Welt besteht das angedeutete Verhältnis. Im Sinne Goethes handelt man nur, wenn man sich in die eigene Natur des Denkens selbst vertieft und dann zusieht, welche Beziehung sich ergibt, wenn dann dieses *seiner* Wesenheit nach erkannte Denken zu der Erfahrung in ein Verhältnis gebracht wird.

Goethe geht überall den Weg der Erfahrung im strengsten Sinne. Er nimmt zuerst die Objekte, wie sie sind, sucht mit völliger Fernhaltung aller subjektiven Meinung ihre Natur zu durchdringen; dann stellt er die Bedingungen her, unter denen die Objekte in Wechselwirkung treten können und wartet ab, was sich hieraus ergibt. Goethe sucht der Natur Gelegenheit zu geben, ihre Gesetzmäßigkeit unter besonders charakteristischen Umständen, die er herbeiführt, zur Geltung zu bringen, gleichsam ihre Gesetze selbst auszusprechen.

Wie erscheint uns unser Denken *für sich* betrachtet? Es ist eine *Vielheit* von Gedanken, die in der mannigfachsten Weise miteinander verwoben und organisch verbunden sind. Diese Vielheit macht aber, wenn wir sie nach allen Seiten hinreichend durchdrungen haben, doch wieder nur eine Einheit, eine Harmonie aus. Alle Glieder haben Bezug aufeinander, sie sind füreinander da; das eine modifiziert das andere, schränkt es ein usw. Sobald sich unser Geist zwei *entsprechende* Gedanken vorstellt, merkt er alsogleich, daß sie eigentlich in Eins miteinander verfließen. Er findet überall Zusammengehöriges in seinem Gedankenbereiche; *dieser* Begriff schließt sich an *jenen,* ein dritter erläutert oder stützt einen vierten usf. So z. B. finden wir in unserm Bewußtsein den Gedankeninhalt «Organismus» vor; durchmustern wir unsere Vorstellungswelt, so treffen wir auf einen zweiten: «gesetzmäßige Entwicklung, Wachstum». Sogleich wird klar, daß diese beiden Gedankeninhalte zusammengehören, daß sie bloß zwei Seiten eines und desselben Dinges vorstellen. So aber ist es mit unserm ganzen Gedankensystem. Alle Einzelgedanken sind Teile eines großen Ganzen, das wir unsere Begriffswelt nennen.

Tritt irgend ein *einzelner* Gedanke im Bewußtsein auf, so ruhe ich nicht eher, bis er mit meinem übrigen Denken in Einklang gebracht ist. Ein solcher Sonderbegriff, abseits von meiner übrigen geistigen Welt, ist mir ganz und gar unerträglich. Ich bin mir eben dessen bewußt, daß eine innerlich begründete Harmonie aller Gedanken besteht, daß die Gedankenwelt eine einheitliche ist. Deshalb ist uns jede solche Absonderung eine Unnatürlichkeit, eine Unwahrheit.

Haben wir uns bis dahin durchgerungen, daß unsere ganze Gedankenwelt den Charakter einer vollkommenen, inneren Übereinstimmung trägt, dann wird uns durch sie jene Befriedigung, nach der unser Geist verlangt. *Dann fühlen wir uns im Besitze der Wahrheit.*

Indem wir die *Wahrheit* in der durchgängigen Zusammenstimmung aller Begriffe, über die wir verfügen, sehen, drängt sich die Frage auf: ja, hat denn das Denken, abgesehen von aller anschaulichen Wirklichkeit, von der sinnenfälligen Erscheinungswelt auch einen Inhalt? Bleibt nicht die vollständige Leere, ein reines Phantasma zurück, wenn wir allen sinnlichen Inhalt beseitigt denken?

Daß das letztere der Fall sei, dürfte wohl eine weit verbreitete Meinung sein, so daß wir sie ein wenig näher betrachten müssen. Wie wir bereits oben bemerkten, denkt man sich ja so vielfach das ganze Begriffssystem nur als eine Photographie der Außenwelt. Man hält zwar daran fest, daß sich unser Wissen in der *Form* des Denkens entwickelt; fordert aber von einer «streng objektiven Wissenschaft», daß sie ihren Inhalt nur von außen nehme. Die Außenwelt müsse den Stoff liefern, welcher in unsere Begriffe einfließt.[9] Ohne jene seien diese leere Schemen ohne allen Inhalt. Fiele die Außenwelt weg, so hätten Begriffe und Ideen keinen Sinn mehr, denn sie sind um ihrer willen da. Man könnte diese Ansicht die Verneinung des Begriffs nennen. Denn er hat für die Objektivität dann gar keine Bedeutung mehr. Er ist ein zu letzterer *Hinzugekommenes.* Die Welt stünde in aller Vollkommenheit auch da, wenn es keine Begriffe gäbe. Denn sie bringen ja nichts Neues zu derselben hinzu. Sie enthalten nichts, was ohne sie nicht da wäre. Sie sind nur da, weil sich das erkennende Subjekt ihrer bedienen will, um in einer ihm angemessenen Form *das* zu haben, was anderweitig schon da ist. Sie sind für dasselbe nur Vermittler eines Inhaltes, der *nichtbegrifflicher* Natur ist. So die angezogene Ansicht.

Wenn sie begründet wäre, müßte eine von den folgenden drei Voraussetzungen richtig sein.

1. Die Begriffswelt stehe in einem solchen Verhältnisse zur Außenwelt, daß sie nur den ganzen Inhalt derselben in anderer Form wiedergibt. Hier ist unter Außenwelt die Sinnenwelt ver-

---

9 *J. H. von Kirchmann* sagt sogar in seiner «Lehre vom Wissen [als Einleitung in das Studium philosophischer Werke]», [Leipzig 1878, 3. verbesserte Aufl.], daß das Erkennen ein Einfließen der Außenwelt in unser Bewußtsein sei.

standen. Wenn das der Fall wäre, dann könnte man wahrlich nicht einsehen, welche Notwendigkeit bestände, sich überhaupt über die Sinnenwelt zu erheben. Man hat ja das ganze Um und Auf des Erkennens schon mit der letzteren gegeben.

2. Die Begriffswelt nehme nur einen Teil der «Erscheinung für die Sinne» als ihren Inhalt auf. Man denke sich die Sache etwa so. Wir machen eine Reihe von Beobachtungen. Wir treffen da auf die verschiedensten Objekte. Wir bemerken dabei, daß gewisse Merkmale, die wir an einem Gegenstande entdecken, schon einmal von uns beobachtet worden sind. Es durchmustere unser Auge eine Reihe von Gegenständen *A, B, C, D* usw. *A* hätte die Merkmale *p q a r; B: l m b n; C: k h c g* und *D: p u a v.* Da treffen wir bei *D* wieder auf die Merkmale *a* und *p,* die wir schon bei *A* angetroffen haben. Wir bezeichnen diese Merkmale als *wesentliche.* Und insoferne *A* und *D* die wesentlichen Merkmale gleich haben, nennen wir sie gleichartig. So fassen wir *A* und *D* dann zusammen, indem wir ihre wesentlichen Merkmale im Denken festhalten. Da haben wir ein Denken, das sich mit der Sinnenwelt nicht ganz deckt, auf das also die oben gerügte Überflüssigkeit nicht anzuwenden und das doch ebenso weit entfernt ist, Neues zu der Sinnenwelt hinzuzubringen. Dagegen läßt sich vor allem sagen: um zu erkennen, welche Eigenschaften einem Dinge *wesentlich* sind, dazu gehöre schon eine gewisse *Norm,* die es uns möglich macht, Wesentliches von Unwesentlichem zu unterscheiden. Diese Norm kann in dem Objekte nicht liegen, denn dieses enthält ja das Wesentliche und Unwesentliche in ungetrennter Einheit. Diese Norm müsse also doch selbsteigener Inhalt unseres Denkens sein.

Dieser Einwand stößt aber die Ansicht noch nicht ganz um. Man kann nämlich sagen: Das sei eben eine ungerechtfertigte Annahme, daß dies oder jenes wesentlicher oder unwesentlicher für ein Ding sei. Das kümmere uns auch nicht. Es handle sich bloß darum, daß wir gewisse gleiche Eigenschaften bei mehreren

Dingen antreffen und die letzteren *nennen* wir dann gleichartig. Davon sei gar nicht die Rede, daß diese gleichen Eigenschaften auch wesentlich seien. Diese Anschauung setzt aber etwas voraus, was durchaus nicht zutrifft. *Es ist in zwei Dingen gleicher Gattung gar nichts wirklich Gemeinschaftliches, wenn man bei der Sinnenerfahrung stehen bleibt.* Ein Beispiel wird das klarlegen. Das einfachste ist das beste, weil es sich am besten überschauen läßt. Betrachten wir folgende zwei Dreiecke.

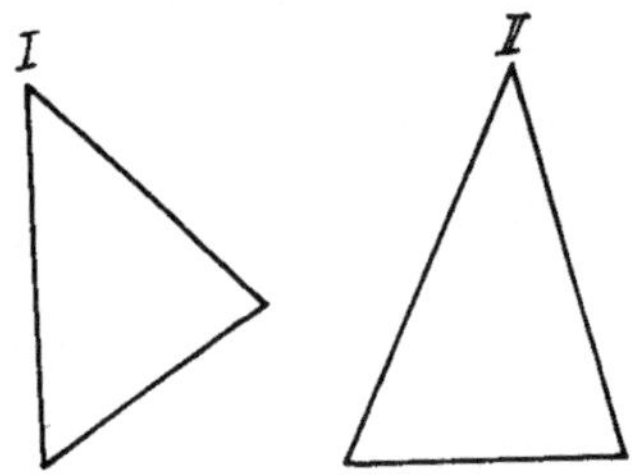

Was haben die wirklich gleich, wenn man bei der Sinnenerfahrung stehen bleibt? Gar nichts. Was sie gleich haben, nämlich das Gesetz, nach dem sie gebildet sind und welches bewirkt, daß sie beide unter den Begriff «Dreieck» fallen, das wird von uns erst gewonnen, *wenn wir die Sinnenerfahrung überschreiten.* Der Begriff Dreieck umfaßt alle Dreiecke. *Wir kommen nicht durch die bloße Betrachtung aller einzelnen Dreiecke zu ihm.* Dieser Begriff bleibt immer derselbe, so oft ich ihn auch vorstellen mag, während es mir wohl kaum gelingen wird, zweimal *dasselbe* «Dreieck» anzuschauen. Das, wodurch das Einzeldreieck das vollbestimmte «dieses» und kein anderes ist, hat mit dem Begriffe gar nichts zu tun. Ein bestimmtes Dreieck ist *dieses* bestimmte nicht dadurch, daß es jenem Begriffe entspricht, sondern durch Elemente, die ganz außerhalb des Begriffes liegen: Länge der Seiten, Größe der Winkel, Lage usw. Es ist aber doch ganz unstatthaft zu behaupten, daß der Inhalt des *Begriffes* Dreieck aus der objektiven Sinnenwelt entlehnt sei, wenn man sieht, daß dieser sein Inhalt überhaupt in keiner sinnenfälligen Erscheinung enthalten ist.

3. Es ist nun noch ein Drittes möglich. Der Begriff könnte ja der Vermittler für das Erfassen von Wesenheiten sein, die nicht sinnlich-wahrnehmbar sind, die aber doch einen auf sich selbst beruhenden Charakter haben. Der letztere wäre dann der *unbegriffliche Inhalt der begrifflichen Form* unseres Denkens. Wer solche jenseits der Erfahrung bestehende Wesenheiten annimmt und uns die Möglichkeit eines Wissens von denselben zuspricht, muß doch notwendig auch in dem Begriffe den Dolmetsch dieses Wissens sehen.

Wir werden das Unzulängliche dieser Ansicht noch besonders darlegen. Wir wollen hier nur darauf aufmerksam machen, daß sie jedenfalls *nicht gegen* die Inhaltlichkeit der Begriffswelt spricht. Denn lägen die Gegenstände, über die gedacht wird, jenseits aller Erfahrung und jenseits des Denkens, dann müßte das letztere doch um so mehr innerhalb seiner selbst den Inhalt haben, auf den es sich stützt. Es könnte doch nicht über Gegenstände denken, von denen innerhalb der Gedankenwelt keine Spur anzutreffen wäre.

Jedenfalls ist also klar, daß das Denken kein inhaltsleeres Gefäß ist, sondern daß es rein für sich selbst genommen inhaltsvoll ist und daß sich sein Inhalt nicht mit dem einer andern Erscheinungsform deckt.

D. DIE WISSENSCHAFT

11. DENKEN UND WAHRNEHMUNG

Die Wissenschaft durchtränkt die wahrgenommene Wirklichkeit mit den von unserm Denken erfaßten und durchgearbeiteten Begriffen. Sie ergänzt und vertieft das passiv Aufgenommene durch das, was unser Geist selbst durch seine Tätigkeit aus dem Dunkel der bloßen Möglichkeit in das Licht der Wirklichkeit emporgehoben hat. Das setzt voraus, daß die Wahrnehmung der Ergänzung durch den Geist bedarf, daß sie überhaupt kein Endgültiges, Letztes, Abgeschlossenes ist.

Es ist der Grundirrtum der modernen Wissenschaft, daß sie die Wahrnehmung der Sinne schon für etwas Abgeschlossenes, Fertiges ansieht. Deshalb stellt sie sich die Aufgabe, dieses in sich vollendete Sein einfach zu photographieren. Konsequent ist in dieser Hinsicht wohl nur der Positivismus, der jedes Hinausgehen über die Wahrnehmung einfach ablehnt. Doch sieht man heute fast in allen Wissenschaften das Bestreben, diesen Standpunkt als den richtigen anzusehen. Im wahren Sinne des Wortes würde dieser Forderung nur eine solche Wissenschaft genügen, welche einfach die Dinge, wie sie nebeneinander im Raume vorhanden sind, und die Ereignisse, wie sie zeitlich aufeinander folgen, aufzählt und beschreibt. Die Naturgeschichte alten Stiles kommt dieser Forderung noch am nächsten. Die neuere verlangt zwar dasselbe, stellt eine vollständige Theorie der Erfahrung auf, um sie – sogleich zu übertreten, wenn sie den ersten Schritt in der wirklichen Wissenschaft unternimmt.

Wir müßten uns unseres Denkens vollkommen entäußern, wollten wir an der reinen Erfahrung festhalten. Man setzt das Denken herab, wenn man ihm die Möglichkeit entzieht, in sich selbst Wesenheiten wahrzunehmen, die den Sinnen unzugänglich sind. Es muß in der Wirklichkeit außer den Sinnesqualitäten noch einen Faktor geben, der vom Denken erfaßt wird. Das Denken ist ein Organ des Menschen, das bestimmt ist, Höheres zu beobachten als die Sinne bieten. *Dem Denken ist jene Seite der Wirklichkeit zugänglich, von der ein bloßes Sinnenwesen nie etwas erfahren würde.* Nicht die Sinnlichkeit wiederzukäuen ist es da, sondern das zu durchdringen, was dieser verborgen ist. Die Wahrnehmung der Sinne liefert nur *eine* Seite der Wirklichkeit. Die *andere* Seite ist die denkende Erfassung der Welt. Nun tritt uns aber im ersten Augenblick das Denken als etwas der Wahrnehmung ganz Fremdes entgegen. Die Wahrnehmung dringt von außen auf uns ein; das Denken arbeitet sich aus unserm Inneren heraus. Der Inhalt dieses Denkens erscheint uns als innerlich vollkommener Organismus; alles ist im strengsten Zusammenhange. Die einzelnen Glieder des Gedankensystems bestimmen einander; jeder einzelne Begriff hat zuletzt seine Wurzel in der Allheit unseres Gedankengebäudes.

Auf den ersten Blick erscheint es, als ob die innere Widerspruchslosigkeit des Denkens, seine Selbstgenügsamkeit jeden Übergang zur Wahrnehmung unmöglich mache. Wären die Bestimmungen des Denkens solche, daß man ihnen nur auf *eine* Art genügen könnte, dann wäre es wirklich in sich selbst abgeschlossen; wir könnten aus demselben nicht heraus. Das ist aber nicht der Fall. Diese Bestimmungen sind solche, daß ihnen auf *mannigfache* Weise Genüge geschehen kann. Nur darf dann dasjenige Element, welches diese Mannigfaltigkeit bewirkt, nicht selbst *innerhalb* des Denkens gesucht werden. Nehmen wir die Gedankenbestimmung: Die Erde zieht jeden Körper an, so werden wir alsbald bemerken, daß der Gedanke die Möglichkeit offen läßt, in der verschiedensten Weise erfüllt zu werden. Das sind aber Verschiedenheiten, die mit dem Denken nicht mehr erreichbar sind. Da ist Platz für ein anderes Element. Dieses Element ist die Sinneswahrnehmung. Die Wahrnehmung bietet eine solche Art der Spezialisierung der Gedankenbestimmungen, die von den letzteren selbst offen gelassen ist.

Diese Spezialisierung ist es, in der uns die Welt gegenübertritt, wenn wir uns bloß der Erfahrung bedienen. Psychologisch ist das das Erste, was sachlich genommen das Abgeleitete ist.

Bei aller wissenschaftlichen Bearbeitung der Wirklichkeit ist der Vorgang dieser: Wir treten der konkreten Wahrnehmung gegenüber. Sie steht wie ein Rätsel vor uns. In uns macht sich der Drang geltend, ihr eigentliches *Was,* ihr *Wesen,* das sie nicht selbst ausspricht, zu erforschen. Dieser Drang ist nichts anderes als das Emporarbeiten eines Begriffes aus dem Dunkel unseres Bewußtseins. Diesen Begriff halten wir dann fest, während die sinnenfällige Wahrnehmung mit diesem Denkprozesse parallel geht. Die stumme Wahrnehmung spricht plötzlich eine uns verständliche Sprache; wir erkennen, daß der Begriff, den wir gefaßt haben, jenes gesuchte Wesen der Wahrnehmung ist.

Was sich da vollzogen hat, ist ein Urteil. Es ist verschieden von jener Gestalt des Urteils, die zwei Begriffe verbindet, ohne auf die Wahrnehmung Rücksicht zu nehmen. Wenn ich sage: die Freiheit ist die Bestimmung eines Wesens aus sich selbst heraus, so habe ich auch ein Urteil gefällt. Die Glieder dieses Urteils sind Begriffe, die ich nicht in der Wahrnehmung gegeben habe. Auf solchen Urteilen beruht die innere Einheitlichkeit unseres Denkens, die wir im vorigen Kapitel behandelt haben.

Das Urteil, welches hier in Betracht kommt, hat zum Subjekte eine Wahrnehmung, zum Prädikate einen Begriff. Dieses bestimmte Tier, das ich vor mir habe, ist ein Hund. In einem solchen Urteile wird eine Wahrnehmung in mein Gedankensystem an einem bestimmten Orte eingefügt. Nennen wir ein solches Urteil ein *Wahrnehmungsurteil.*

Durch das Wahrnehmungsurteil wird erkannt, daß ein bestimmter sinnenfälliger Gegenstand seiner Wesenheit nach mit einem bestimmten Begriffe zusammenfällt.

Wollen wir also begreifen, was wir wahrnehmen, dann muß die Wahrnehmung als bestimmter Begriff in uns *vorgebildet* sein. An einem Gegenstande, bei dem das nicht der Fall wäre, gingen wir, ohne daß er uns verständlich wäre, vorüber.

Daß das so ist, dafür liefert wohl der Umstand den besten Beweis, daß Personen, welche ein reicheres Geistesleben führen, auch viel tiefer in die Erfahrungswelt eindringen, als andere, bei denen das nicht der Fall ist. Vieles, was an den letzteren spurlos vorübergeht, macht auf die ersteren einen tiefen Eindruck. (Wär' nicht das Auge sonnenhaft, die Sonne könnt' es nie erblicken.) Ja aber, wird man sagen, treten wir nicht im Leben unendlich vielen Dingen entgegen, von denen wir uns bisher nicht den leisesten Begriff gemacht haben; und bilden wir uns denn nicht an Ort und Stelle sogleich Begriffe von ihnen? Ganz wohl. Aber ist denn die Summe aller möglichen Begriffe mit der Summe derer, die ich mir in meinem bisherigen Leben gebildet habe, identisch? Ist mein Begriffssystem nicht entwicklungsfähig? Kann ich im Angesichte einer mir unverständlichen Wirklichkeit nicht sogleich mein Denken in Wirksamkeit versetzen, auf daß es eben auch an Ort und Stelle den Begriff entwickle, den ich einem Gegenstande entgegenzuhalten habe? Es ist für mich nur die Fähigkeit erforderlich, einen bestimmten Begriff aus dem Fond der Gedankenwelt hervorgehen zu lassen. Nicht darum handelt es sich, daß mir ein bestimmter Gedanke im Laufe meines Lebens schon bewußt war, sondern darum, daß er sich aus der Welt der mir erreichbaren Gedanken ableiten läßt. Das ist ja für seinen Inhalt unwesentlich, wo und wann ich ihn erfasse. Ich entnehme ja alle Bestimmungen des Gedankens aus der Gedankenwelt. Von dem Sinnesobjekte fließt in diesen Inhalt ja doch nichts ein. Ich erkenne in dem Sinnesobjekt den Gedanken, den ich aus meinem Inneren herausgeholt, nur *wieder*. Dieses Objekt veranlaßt mich zwar in einem bestimmten Augenblicke gerade diesen Gedankeninhalt aus der Einheit aller möglichen Gedanken herauszutreiben, aber es liefert mir keineswegs die Bausteine zu denselben. Die muß ich aus mir selbst herausholen.

Wenn wir unser Denken wirken lassen, bekommt die Wirklichkeit erst wahrhafte Bestimmungen. Sie, die vorher stumm war, redet eine deutliche Sprache.

Unser Denken ist der Dolmetsch, der die Gebärden der Erfahrung deutet.

Man ist so gewohnt, die Welt der Begriffe für eine leere, inhaltslose anzusehen und ihr die Wahrnehmung als das Inhaltsvolle, durch und durch Bestimmte gegenüberzustellen, daß es für den wahren Sachverhalt schwer sein wird, sich die ihm gebührende Stellung zu erringen. Man übersieht vollständig, daß die bloße Anschauung das Leerste ist, was sich nur denken läßt, und daß sie allen Inhalt erst aus dem Denken erhält. Das einzige Wahre an der Sache ist, daß sie den immer flüssigen Gedanken in einer bestimmten Form festhält, ohne daß wir nötig haben, zu diesem Festhalten tätig mitzuwirken. Wenn der eine, der ein reiches Seelenleben hat, tausend Dinge sieht, die für den geistig Armen eine Null sind, so beweist das sonnenklar, daß der *Inhalt* der Wirklichkeit nur das Spiegelbild des Inhaltes unseres Geistes ist und daß wir von außen nur die leere Form empfangen. Freilich müssen wir die Kraft in uns haben, uns als die Erzeuger dieses Inhaltes zu erkennen, sonst sehen wir ewig nur das Spiegelbild, nie unseren Geist, der sich spiegelt. Auch der sich in einem faktischen Spiegel sieht, muß sich ja selbst als Persönlichkeit erkennen, um sich im Bilde *wieder zu erkennen.*

Alle Sinnenwahrnehmung löst sich, was das Wesen betrifft, zuletzt in ideellen Inhalt auf. Dann erst erscheint sie uns als durchsichtig und klar. Die Wissenschaften sind vielfach von dem Bewußtsein dieser Wahrheit nicht einmal berührt. Man hält die Gedankenbestimmung für *Merkmale* der Gegenstände, wie Farbe, Geruch usw. So glaubt man, die Bestimmung sei eine Eigenschaft aller Körper, daß sie in dem Zustande der Bewegung oder Ruhe, in dem sie sich befinden, so lange verharren, bis ein äußerer Einfluß denselben ändert. In dieser Form figuriert das Gesetz vom Beharrungsvermögen in der Naturlehre. Der wahre Tatbestand ist aber ein ganz anderer. In meinem Begriffssystem besteht der Gedanke *Körper* in vielen Modifikationen. Die eine ist der Gedanke eines Dinges, das sich aus sich selbst heraus in Ruhe oder Bewegung setzen kann, eine andere der Begriff eines Körpers, der nur infolge äußeren Einflusses seinen Zustand verändert. Letztere Körper bezeichne ich als unorganische. Tritt mir dann ein bestimmter Körper entgegen, der mir in der Wahrnehmung meine obige Begriffsbestimmung widerspiegelt, so bezeichne ich ihn als *unorganisch* und verbinde mit ihm alle Bestimmungen, die aus dem Begriffe des unorganischen Körpers folgen.

Die Überzeugung sollte alle Wissenschaften durchdringen, daß ihr Inhalt lediglich Gedankeninhalt ist und daß sie mit der Wahrnehmung in keiner anderen Verbindung stehen, als daß sie im Wahrnehmungsobjekte eine besondere Form des Begriffes sehen.

12. VERSTAND UND VERNUNFT

Unser Denken hat eine zweifache Aufgabe zu vollbringen: erstens, Begriffe mit scharf umrissenen Konturen zu schaffen; zweitens, die so geschaffenen Einzelbegriffe zu einem einheitlichen Ganzen zusammenzufassen. Im ersten Falle handelt es sich um die unterscheidende Tätigkeit, im zweiten um die verbindende. Diese beiden geistigen Tendenzen erfreuen sich in den Wissenschaften keineswegs der gleichen Pflege. Der Scharfsinn, der bis zu den geringsten Kleinigkeiten in seinen Unterscheidungen herabgeht, ist einer bedeutend größeren Zahl von Menschen gegeben als die zusammenfassende Kraft des Denkens, die in die Tiefe der Wesen dringt.

Lange Zeit hat man die Aufgabe der Wissenschaft überhaupt nur in einer genauen Unterscheidung der Dinge gesucht. Wir brauchen nur des Zustandes zu gedenken, in dem Goethe die Naturgeschichte vorfand. Durch Linné war es ihr zum Ideale geworden, genau die Unterschiede der einzelnen Pflanzenindividuen zu suchen, um so die geringfügigsten Merkmale benutzen zu können, neue Arten und Unterarten aufzustellen. Zwei Tier- oder Pflanzenspezies, die sich nur in höchst unwesentlichen Dingen unterscheiden, wurden sogleich verschiedenen Arten zugerechnet. Fand man an irgend einem Lebewesen, das man bisher irgend einer Art zugerechnet, eine unerwartete Abweichung von dem willkürlich aufgestellten Artcharakter, so dachte man nicht nach: wie sich eine solche Abweichung aus diesem Charakter selbst erklären lasse, sondern man stellte einfach eine neue Art auf.

Diese Unterscheidung ist die Sache des Verstandes. Er hat nur zu trennen und die Begriffe in der Trennung festzuhalten. Er ist eine notwendige Vorstufe jeder höheren Wissenschaftlichkeit. Vor allem bedarf es ja festbestimmter, klar umrissener Begriffe, ehe wir nach einer Harmonie derselben suchen können. Aber wir dürfen bei der Trennung nicht stehen bleiben. Für den Verstand sind Dinge getrennt, die in einer harmonischen Einheit zu sehen, ein wesentliches Bedürfnis der Menschheit ist. Für den Verstand sind getrennt: Ursache und Wirkung, Mechanismus und Organismus, Freiheit und Notwendigkeit, Idee und Wirklichkeit, Geist und Natur usw. usw. Alle diese Unterscheidungen sind durch den Verstand herbeigeführt. Sie müssen herbeigeführt werden, weil uns sonst die Welt als ein verschwommenes, dunkles Chaos erschiene, das nur deshalb eine Einheit bildete, *weil es für uns völlig unbestimmt wäre.*

Der Verstand selbst ist nicht in der Lage, über diese Trennung hinauszukommen. Er hält die getrennten Glieder fest.

Dieses Hinauskommen ist Sache der Vernunft. Sie hat die vom Verstande geschaffenen Begriffe ineinander übergehen zu lassen. Sie hat zu zeigen, daß das, was der Verstand in strenger Trennung festhält, eigentlich eine innerliche Einheit ist. Die Trennung ist etwas künstlich Herbeigeführtes, ein notwendiger Durchgangspunkt für unser Erkennen, nicht dessen Abschluß. Wer die Wirklichkeit bloß verstandesmäßig erfaßt, entfernt sich von ihr. Er setzt an *ihre* Stelle, da sie *in Wahrheit eine Einheit ist,* eine künstliche Vielheit, eine Mannigfaltigkeit, die mit dem *Wesen* der Wirklichkeit nichts zu tun hat.

Daher rührt der Zwiespalt, in den die verstandesmäßig betriebene Wissenschaft mit dem menschlichen Herzen kommt. Viele Menschen, deren Denken nicht so ausgebildet ist, daß sie es bis zu einer einheitlichen Weltansicht bringen, die sie in voller begrifflicher Klarheit erfassen, sind aber sehr wohl imstande, die innere Harmonie des Weltganzen mit dem Gefühle zu durchdringen. Ihnen gibt das Herz, was dem wissenschaftlich Gebildeten die Vernunft bietet.

Tritt an solche Menschen die Verstandesansicht der Welt heran, so weisen sie mit Verachtung die unendliche Vielheit zurück und halten sich an die Einheit, die sie wohl nicht erkennen, aber mehr oder minder lebhaft empfinden. Sie sehen sehr wohl, daß der Verstand sich von der Natur entfernt, daß er das geistige Band aus dem Auge verliert, das die Teile der Wirklichkeit verbindet.

Die Vernunft führt wieder zur Wirklichkeit zurück. Die Einheitlichkeit alles Seins, die früher *gefühlt* oder gar nur dunkel *geahnt* wurde, wird von der Vernunft vollkommen durchschaut. Die Verstandesansicht muß durch die Vernunftansicht vertieft werden. Wird die erste statt für einen notwendigen Durchgangspunkt für Selbstzweck angesehen, dann liefert sie nicht die Wirklichkeit, sondern ein Zerrbild derselben.

Es macht bisweilen Schwierigkeiten, die durch den Verstand geschaffenen Gedanken zu verbinden. Die Geschichte der Wissenschaften liefert uns vielfache Beweise dafür. Oft sehen wir den Menschengeist ringen, von dem Verstande geschaffene Differenzen zu überbrücken.

In der Vernunftansicht von der Welt geht der Mensch in der letzteren in ungetrennter Einheit auf.

Kant hat auf den Unterschied von Verstand und Vernunft bereits hingewiesen. Er bezeichnet die Vernunft als das Vermögen, Ideen wahrzunehmen; wogegen der Verstand darauf beschränkt ist, bloß die Welt in ihrer Getrenntheit, Vereinzelung zu schauen.

Die Vernunft ist nun in der Tat das Vermögen, Ideen wahrzunehmen. Wir müssen hier den Unterschied zwischen Begriff und Idee feststellen, den wir bisher außer acht gelassen haben. Für unsere bisherigen Zwecke kam es nur darauf an, jene Qualitäten des Gedankenmäßigen, die sich in Begriff *und* Idee darleben, zu finden. Begriff ist der Einzelgedanke, wie er vom Verstande festgehalten wird. Bringe ich eine Mehrheit von solchen Einzelgedanken in lebendigen Fluß, so daß sie ineinander übergehen, sich verbinden, so entstehen gedankenmäßige Gebilde, die nur für die Vernunft da sind, die der Verstand nicht erreichen kann. Für die Vernunft geben die Geschöpfe des Verstandes ihre gesonderten Existenzen auf und leben nur mehr als ein Teil einer Totalität weiter. Diese von der Vernunft geschaffenen Gebilde sollen *Ideen* heißen.

Daß die Idee eine Vielheit von Verstandesbegriffen auf eine Einheit zurückführt, das hat auch schon Kant ausgesprochen. Er hat jedoch die Gebilde, die durch die Vernunft zur Erscheinung kommen, als bloße Trugbilder hingestellt, als Illusionen, die sich der Menschengeist ewig vorspiegelt, weil er ewig nach einer Einheit der Erfahrung strebt, die ihm nirgend gegeben ist. Die Einheiten, die in den Ideen geschaffen werden, beruhen nach Kant nicht auf objektiven Verhältnissen, sie fließen nicht aus der Sache selbst, sondern sind bloß subjektive Normen, nach denen wir Ordnung in unser Wissen bringen. Kant bezeichnet daher die Ideen nicht als konstitutive Prinzipien, die für die Sache maßgebend sein müßten, sondern als regulative, die allein für die Systematik unseres Wissens Sinn und Bedeutung haben.

Sieht man aber auf die Art, wie die Ideen zustande kommen, so erweist sich diese Ansicht sogleich als irrtümlich. Es ist zwar richtig, daß die subjektive Vernunft[10] das Bedürfnis nach Einheit hat. Aber dieses Bedürfnis ist ohne allen Inhalt, ein leeres *Einheitsbestreben.* Tritt ihm etwas entgegen, das absolut jeder einheitlichen Natur entbehrt, so kann es diese Einheit nicht selbst aus sich heraus erzeugen. Tritt ihm hingegen eine Vielheit entgegen, die ein Zurückführen auf eine innere Harmonie gestattet, dann vollbringt sie dasselbe. Eine solche Vielheit ist die vom Verstande geschaffene Begriffswelt.

Die Vernunft setzt nicht eine bestimmte Einheit voraus, sondern die leere Form der Einheitlichkeit, sie ist das Vermögen, die Harmonie an das Tageslicht zu ziehen, wenn sie im Objekte selbst liegt. Die Begriffe setzen sich in der Vernunft selbst zu Ideen zusammen. *Die Vernunft bringt die höhere Einheit der Verstandesbegriffe zum Vorschein, die der Verstand in seinen Gebilden zwar hat, aber nicht zu sehen vermag.* Daß dies übersehen wird, ist der Grund vieler Mißverständnisse über die Anwendung der Vernunft in den Wissenschaften.

In geringem Grade hat jede Wissenschaft schon in den Anfängen, ja das alltägliche Denken schon Vernunft nötig. Wenn wir in dem Urteile: jeder Körper ist schwer, den Subjektsbegriff mit dem Prädikatsbegriff verbinden, so liegt darinnen schon eine Vereinigung von zwei Begriffen, also die einfachste Tätigkeit der Vernunft.

Die Einheit, welche die Vernunft zu ihrem Gegenstande macht, ist *vor* allem Denken, vor allem Vernunftgebrauche gewiß; nur ist sie verborgen, ist nur der Möglichkeit nach vorhanden, nicht als faktische Erscheinung. Dann führt der Menschengeist die Trennung herbei, um im vernunftgemäßen Vereinigen der getrennten Glieder die Wirklichkeit vollständig zu durchschauen.

---

10 Als menschliches Geistesvermögen aufgefaßt.

Wer das nicht voraussetzt, muß entweder alle Gedankenverbindung als eine Willkür des subjektiven Geistes ansehen, oder er muß annehmen, daß die Einheit hinter der von uns erlebten Welt stehe und uns auf eine uns unbekannte Weise zwinge, die Mannigfaltigkeit auf eine Einheit zurückzuführen. Dann verbinden wir Gedanken ohne Einsicht in die wahren Gründe des Zusammenhanges, den wir herstellen; dann ist die Wahrheit nicht von uns erkannt, sondern uns von außen aufgedrängt. Alle Wissenschaft, welche von dieser Voraussetzung ausgeht, möchten wir eine dogmatische nennen. Wir werden noch darauf zurückkommen.

Jede solche wissenschaftliche Ansicht wird auf Schwierigkeiten stoßen, wenn sie Gründe angeben soll, warum wir diese oder jene Gedankenverbindung vollziehen. Sie hat sich nämlich nach subjektiven Gründen der Zusammenfassung von Objekten umzusehen, deren objektiver Zusammenhang uns verborgen bleibt. Warum vollziehe ich ein Urteil, wenn die Sache, die die Zusammengehörigkeit von Subjekt- und Prädikatbegriff fordert, mit dem Fällen desselben nichts zu tun hat?

Kant hat diese Frage zum Ausgangspunkte seiner kritischen Arbeiten gemacht. Wir finden am Anfange seiner Kritik der reinen Vernunft die Frage: wie sind synthetische Urteile a priori möglich? d. h. wie ist es möglich, daß ich zwei Begriffe (Subjekt, Prädikat) verbinde, wenn nicht der Inhalt des einen schon in dem andern enthalten ist und wenn das Urteil kein bloßes Erfahrungsurteil d. i. das Feststellen einer einzigen Tatsache ist? Kant meint, solche Urteile seien nur dann möglich, wenn Erfahrung nur unter der Voraussetzung ihrer Gültigkeit bestehen kann. Die Möglichkeit der Erfahrung ist also für uns maßgebend, um ein solches Urteil zu vollziehen. Wenn ich mir sagen kann: nur dann, wenn dieses oder jenes synthetische Urteil a priori wahr ist, ist Erfahrung möglich, dann hat es Gültigkeit. Auf die Ideen selbst aber ist das nicht anzuwenden. Diese haben nach Kant nicht einmal diesen Grad von Objektivität.

Kant findet, daß die Sätze der Mathematik und der reinen Naturwissenschaft solche *gültige* synthetische Sätze a priori sind. Er nimmt da z. B. den Satz 7 + 5 = 12. In 7 und 5 ist die Summe 12 keineswegs enthalten, so schließt Kant. Ich muß über 7 und 5 hinausgehen und an *meine Anschauung* appellieren, dann finde ich den Begriff 12. Meine Anschauung macht es notwendig, daß 7 + 5 = 12 vorgestellt wird. Meine Erfahrungsobjekte müssen aber durch das Medium meiner Anschauung an mich herantreten, sich also deren Gesetzen fügen. Wenn Erfahrung möglich sein soll, müssen solche Sätze richtig sein.

Vor einer objektiven Erwägung hält dieses ganze künstliche Gedankengebäude Kants nicht Stand. Es ist unmöglich, daß ich im Subjektbegriffe gar keinen Anhaltspunkt habe, der mich zum Prädikatbegriffe führt. Denn beide Begriffe sind von meinem Verstande gewonnen und das an einer Sache, die in sich einheitlich ist. Man täusche sich hier nicht. Die mathematische Einheit, welche der Zahl zugrunde liegt, ist nicht das Erste. Das Erste ist die Größe, welche eine so und so oftmalige Wiederholung der Einheit ist. Ich muß eine Größe voraussetzen, wenn ich von einer Einheit spreche. Die Einheit ist ein Gebilde unseres Verstandes, das er von einer Totalität abtrennt, so wie er die Wirkung von der Ursache, die Substanz von ihren Merkmalen scheidet usw. Indem ich nun 7 + 5 denke, halte ich in Wahrheit 12 mathematische Einheiten im Gedanken fest, nur nicht auf einmal, sondern in zwei Teilen. Denke ich die Gesamtheit der mathematischen Einheiten auf einmal, so ist das ganz dieselbe Sache. Und diese Identität spreche ich in dem Urteile 7 + 5 = 12 aus. Ebenso ist es mit dem geometrischen Beispiele, das Kant anführt. Eine begrenzte Gerade mit den Endpunkten *A* und *B* ist eine untrennbare Einheit. Mein Verstand kann sich zwei Begriffe davon bilden. Einmal kann er die Gerade als *Richtung* annehmen und dann als *Weg* zwischen den zwei Punkten *A* und *B*. Daraus fließt das Urteil: Die Gerade ist der kürzeste Weg zwischen zwei Punkten.

Alles Urteilen, insofern die Glieder, die in das Urteil eingehen, Begriffe sind, ist nichts weiter als eine Wiedervereinigung dessen, was der Verstand getrennt hat. Der Zusammenhang ergibt sich sofort, wenn man auf den Inhalt der Verstandesbegriffe eingeht.

13. DAS ERKENNEN

Die Wirklichkeit hat sich uns in zwei Gebiete auseinandergelegt: in die Erfahrung und in das Denken. Die Erfahrung kommt in zweifacher Hinsicht in Betracht. Erstens insofern, als die gesamte Wirklichkeit außer dem Denken eine Erscheinungsform hat, die in der Erfahrungsform auftreten muß. Zweitens insofern, als es in der Natur unseres Geistes liegt, dessen Wesen ja in der *Betrachtung* besteht (also in einer nach außen gerichteten Tätigkeit), daß die zu beobachtenden Gegenstände in sein Gesichtsfeld einrükken, d. h. wieder ihm erfahrungsmäßig gegeben werden. Es kann nun sein, daß diese Form des Gegebenen das Wesen der Sache nicht in sich schließt, dann fordert die Sache selbst, daß sie zuerst in der Wahrnehmung (Erfahrung) erscheine, um später einer über die Wahrnehmung hinausgehenden Tätigkeit unseres Geistes das Wesen zu zeigen. Eine andere Möglichkeit ist die, daß in dem unmittelbar Gegebenen schon das Wesen liege und daß es nur dem zweiten Umstande, daß unserm Geiste alles als Erfahrung vor Augen treten muß, zuzuschreiben ist, wenn wir dieses Wesen nicht sogleich gewahr werden. Das letztere ist beim Denken, das erstere bei der übrigen Wirklichkeit der Fall. Beim Denken ist nur erforderlich, daß wir unsere subjektive Befangenheit überwinden um es in seinem Kerne zu begreifen. Was bei der übrigen Wirklichkeit in der objektiven Wahrnehmung *sachlich* begründet liegt, daß die unmittelbare Form des Auftretens überwunden werden muß, um sie zu erklären, das liegt beim Denken nur in einer Eigentümlichkeit unseres Geistes. Dort ist es die Sache selbst, welche sich die Erfahrungsform gibt, hier ist es die Organisation unseres Geistes. Dort haben wir [noch] nicht die ganze Sache, wenn wir die Erfahrung auffassen, hier haben wir sie.

Darinnen liegt der Dualismus begründet, den die Wissenschaft, das denkende Erkennen, zu überwinden hat. Der Mensch findet sich zwei Welten gegenüber, deren Zusammenhang er herzustellen hat. Die eine ist die Erfahrung, von der er weiß, daß sie nur die Hälfte der Wirklichkeit enthält; die andere ist das Denken, das in sich vollendet ist, in das jene äußere Erfahrungswirklichkeit einfließen muß, wenn eine befriedigende Weltansicht resultieren soll. Wenn die Welt bloß von Sinnenwesen bewohnt wäre, so bliebe ihr Wesen (ihr ideeller Inhalt) stets im Verborgenen; die Gesetze würden zwar die Weltprozesse beherrschen, aber sie kämen nicht zur Erscheinung. Soll das letztere sein, so muß zwischen Erscheinungsform und Gesetz ein Wesen treten, dem sowohl Organe gegeben sind, durch die es jene sinnenfällige, von den Gesetzen abhängige Wirklichkeitsform wahrnimmt, als auch das Vermögen, die Gesetzlichkeit selbst wahrzunehmen. Von der einen Seite muß an ein solches Wesen die Sinnenwelt, von der anderen das ideelle Wesen derselben herantreten, und es muß in eigener Tätigkeit diese beiden Wirklichkeitsfaktoren verbinden.

Hier sieht man wohl ganz klar, daß unser Geist nicht wie ein Behälter der Ideenwelt anzusehen ist, der die Gedanken in sich enthält, sondern wie ein Organ, das dieselben wahrnimmt.

Er ist gerade so Organ des Auffassens wie Auge und Ohr. Der Gedanke verhält sich zu unserem Geiste nicht anders wie das Licht zum Auge, der Ton zum Ohr. Es fällt gewiß niemandem ein, die Farbe wie etwas anzusehen, das sich dem Auge als Bleibendes einprägt, das gleichsam haften bleibt an demselben. Beim Geiste ist diese Ansicht sogar die vorherrschende. Im Bewußtsein soll sich von jedem Dinge ein Gedanke bilden, der dann in demselben verbleibt, um aus demselben je nach Bedarf hervorgeholt zu werden. Man hat darauf eine eigene Theorie gegründet, als wenn die Gedanken, deren wir uns im Momente nicht bewußt sind, zwar in unserem Geiste aufbewahrt seien; nur liegen sie unter der Schwelle des Bewußtseins.

Diese abenteuerlichen Ansichten zerfließen sofort in nichts, wenn man bedenkt, daß die Ideenwelt doch eine aus sich heraus bestimmte ist. Was hat dieser durch sich selbst bestimmte Inhalt mit der Vielheit der Bewußtseine zu tun? Man wird doch nicht annehmen, daß er sich in unbestimmter Vielheit so bestimmt, daß immer der eine Teilinhalt von dem andern unabhängig ist! Die Sache liegt ja ganz klar. Der Gedankeninhalt ist ein solcher, daß nur überhaupt ein geistiges Organ notwendig ist zu seiner Erscheinung, daß aber die Zahl der mit diesem Organe begabten Wesen gleichgültig ist. Es können also unbestimmt viele geistbegabte Individuen dem *einen* Gedankeninhalte gegenüberstehen. Der Geist nimmt also den Gedankengehalt der Welt wahr, wie ein Auffassungsorgan. Es gibt nur *einen* Gedankeninhalt der Welt. Unser Bewußtsein ist nicht die Fähigkeit, Gedanken zu erzeugen und aufzubewahren, wie man so vielfach glaubt, sondern die Gedanken (Ideen) wahrzunehmen. Goethe hat dies [so] vortrefflich mit den Worten ausgedrückt: «Die Idee ist ewig und einzig; daß wir auch den Plural brauchen, ist nicht wohlgetan. Alles, was wir gewahr werden und wovon wir reden können, sind nur Manifestationen der Idee; Begriffe sprechen wir aus, und insofern ist die Idee selbst ein Begriff.»

Bürger zweier Welten, der Sinnen- und der Gedankenwelt, die eine von unten an ihn herandringend, die andere von oben leuchtend, bemächtigt sich der Mensch der Wissenschaft, durch die er beide in eine ungetrennte Einheit verbindet. Von der einen Seite winkt uns die äußere Form, von der andern das innere Wesen; wir müssen beide vereinigen. Damit hat sich unsere Erkenntnistheorie über jenen Standpunkt erhoben, den ähnliche Untersuchungen zumeist einnehmen und der nicht über Formalitäten hinauskommt. Da sagt man: «Das Erkennen sei Bearbeitung der

Erfahrung», ohne zu bestimmen, was in die letztere hineingearbeitet wird; man bestimmt: «im Erkennen fließe die Wahrnehmung in das Denken ein oder das Denken dringe vermöge eines inneren Zwanges von der Erfahrung zu dem hinter derselben stehenden Wesen vor». Das sind aber lauter bloße Formalitäten. Eine Erkenntniswissenschaft, welche das Erkennen in seiner weltbedeutsamen Rolle erfassen will, muß: erstens den idealen Zweck desselben angeben. Er besteht darinnen, der unabgeschlossenen Erfahrung durch das Enthüllen ihres Kernes ihren Abschluß zu geben. Sie muß, zweitens, bestimmen, was dieser Kern, inhaltlich genommen, ist. Er ist Gedanke, Idee. Endlich, drittens, muß sie zeigen, *wie* dieses Enthüllen geschieht. Unser Kapitel: Denken und Wahrnehmung gibt darüber Aufschluß. Unsere Erkenntnistheorie führt zu dem positiven Ergebnis, daß das Denken das Wesen der Welt ist und daß das individuelle menschliche Denken die einzelne Erscheinungsform dieses Wesens ist. Eine bloße formale Erkenntniswissenschaft kann das nicht, sie bleibt ewig unfruchtbar. Sie hat keine Ansicht darüber, welche Beziehung das, was die Wissenschaft gewinnt, zum Weltwesen und Weltgetriebe hat. Und doch muß sich ja gerade in der Erkenntnistheorie diese Beziehung ergeben. Diese Wissenschaft muß uns doch zeigen, wohin wir durch unser Erkennen kommen, wohin uns jede andre Wissenschaft führt.

Auf keinem anderen als auf dem Wege der Erkenntnistheorie kommt man zu der Ansicht, daß das Denken der Kern der Welt ist. Denn sie zeigt uns den Zusammenhang des Denkens mit der übrigen Wirklichkeit. Woraus sollten wir aber vom Denken gewahr werden, in welcher Beziehung es zur Erfahrung steht, als aus der Wissenschaft, die sich diese Beziehung zu untersuchen direkt zum Ziele setzt? Und weiter, woher sollten wir von einem geistigen oder sinnlichen Wesen wissen, daß es die Urkraft der Welt ist, wenn wir seine Beziehung zur Wirklichkeit nicht untersuchten? Handelt es sich also irgendwo darum, das Wesen einer Sache zu finden, so besteht dieses Auffinden immer in dem Zurückgehen auf den Ideengehalt der Welt. Das Gebiet dieses Gehaltes darf nicht überschritten werden, wenn man innerhalb der klaren Bestimmungen bleiben will, wenn man nicht im Unbestimmten herumtappen will. Das Denken ist eine Totalität in sich, das sich selbst genug ist, das sich nicht überschreiten darf, ohne ins Leere zu kommen. Mit anderen Worten: es darf nicht, um irgend etwas zu erklären, zu Dingen seine Zuflucht nehmen, die es nicht in sich selbst findet. Ein Ding, das nicht mit dem Denken zu umspannen wäre, wäre ein Unding. Alles geht zuletzt im Denken auf, alles findet innerhalb desselben seine Stelle.

In bezug auf unser individuelles Bewußtsein ausgedrückt, heißt das: Wir müssen behufs wissenschaftlicher Feststellungen streng innerhalb des uns im Bewußtsein Gegebenen stehen bleiben, wir können dies nicht überschreiten. Wenn man nun wohl einsieht, daß wir unser Bewußtsein nicht überspringen können, ohne ins Wesenlose zu kommen, nicht aber zugleich, daß das Wesen der Dinge innerhalb unseres Bewußtseins in der Ideenwahrnehmung anzutreffen ist, so entstehen jene Irrtümer, die von einer Grenze unserer Erkenntnis sprechen. Können wir über das Bewußtsein nicht hinaus und ist das Wesen der Wirklichkeit nicht innerhalb desselben, dann können wir zum Wesen überhaupt nicht vordringen.

Unser Denken ist an das Diesseits gebunden und weiß nichts vom Jenseits.

Unserer Ansicht gegenüber ist diese Meinung nichts als ein sich selbst mißverstehendes Denken. Eine Erkenntnisgrenze wäre nur möglich, wenn uns die äußere Erfahrung an sich selbst die Erforschung ihres Wesens aufdrängte, wenn *sie* die Fragen bestimmte, die in Ansehung ihrer zu stellen sind. Das ist aber nicht der Fall. Dem *Denken* entsteht das Bedürfnis, der Erfahrung, die es gewahr wird, ihr Wesen entgegenzuhalten. Das Denken kann doch nur die ganz bestimmte Tendenz haben, die ihm selbst eigene Gesetzlichkeit auch in der übrigen Welt zu sehen, nicht aber irgend etwas, wovon es selbst nicht die geringste Kunde hat.

Ein anderer Irrtum muß hier noch seine Berichtigung erfahren. Es ist der, als ob das Denken nicht hinreichend wäre, die Welt zu konstituieren, als ob zum Gedankeninhalt noch etwas (Kraft, Wille usw.) hinzukommen müsse, um die Welt zu ermöglichen.

Bei genauer Erwägung sieht man aber sofort, daß sich alle solche Faktoren als nichts weiter ergeben, denn als Abstraktionen aus der Wahrnehmungswelt, die selbst erst der Erklärung durch das Denken harren. Jeder andere Bestandteil des Weltwesens als das Denken machte sofort auch eine andere Art von Auffassung, von Erkennen, nötig als die gedankliche. Wir müßten jenen anderen Bestandteil anders als durch das Denken erreichen. Denn das Denken liefert denn doch nur Gedanken. Schon dadurch aber, daß man den Anteil, den jener zweite Bestandteil am Weltgetriebe hat, erklären will und sich dabei der Begriffe bedient, widerspricht man sich. Außerdem aber ist uns außer der Sinneswahrnehmung und dem Denken kein Drittes gegeben. Und wir können keinen Teil von jener als Kern der Welt gelten lassen, weil alle ihre Glieder bei näherer Betrachtung zeigen, daß sie als solche ihr Wesen nicht enthalten. Das letztere kann daher einzig und allein im Denken gesucht werden.

14. DER GRUND DER DINGE UND DAS ERKENNEN

Kant hat insofern einen großen Schritt in der Philosophie vollbracht, als er den Menschen auf sich selbst gewiesen hat. Er soll die Gründe der Gewißheit seiner Behauptungen aus dem suchen, was ihm in seinem geistigen Vermögen gegeben ist und nicht in von außen aufgedrängten Wahrheiten. Wissenschaftliche Überzeugung nur durch sich selbst, das ist die Losung der Kantischen Philosophie. Deshalb vorzüglich nannte er sie eine *kritische* im

Gegensatze zur *dogmatischen,* welche fertige Behauptungen überliefert erhält und zu solchen nachträglich die Beweise sucht. Damit ist ein Gegensatz zweier Wissenschaftsrichtungen gegeben; er ist aber von Kant nicht in jener Schärfe gedacht worden, deren er fähig ist.

Fassen wir einmal streng ins Auge, wie eine Behauptung der Wissenschaft zustande kommen kann. Sie verbindet zwei Dinge: entweder einen Begriff mit einer Wahrnehmung oder zwei Begriffe. Von letzterer Art ist z. B. die Behauptung: Keine Wirkung ohne Ursache. Es können nun die sachlichen Gründe, warum die beiden Begriffe zusammenfließen, jenseits dessen liegen, was sie selbst enthalten, was mir daher auch allein gegeben ist. Ich mag dann noch immerhin irgend welche formelle Gründe haben (Widerspruchslosigkeit, bestimmte Axiome), welche mich auf eine bestimmte Gedankenverbindung leiten. Auf die Sache selbst aber haben diese keinen Einfluß. Die Behauptung stützt sich auf etwas, das ich *sachlich* nie erreichen kann. Es ist für mich daher eine wirkliche Einsicht in die Sache nicht möglich; ich weiß nur als Außenstehender von derselben. Hier ist das, was die Behauptung ausdrückt, in einer mir unbekannten Welt; die Behauptung allein in der meinigen. Dies ist der Charakter des *Dogmas.* Es gibt ein zweifaches *Dogma.* Das *Dogma der Offenbarung* und jenes der *Erfahrung.* Das erstere überliefert dem Menschen auf irgendwelche Weise Wahrheiten über Dinge, die seinem Gesichtskreise entzogen sind. Er hat keine Einsicht in die Welt, der die Behauptungen entspringen. Er muß an die Wahrheit derselben *glauben,* er kann an die Gründe nicht herankommen. Ganz ähnlich verhält es sich mit dem *Dogma der Erfahrung.* Ist jemand der Ansicht, daß man bei der bloßen, reinen Erfahrung stehen bleiben soll und nur deren Veränderungen beobachten kann, ohne zu den bewirkenden Kräften vorzudringen, so stellt er ebenfalls über die Welt Behauptungen auf, zu deren Gründen er keinen Zugang hat. Auch hier ist die Wahrheit nicht durch Einsicht in die innere

Wirksamkeit der Sache gewonnen, sondern sie ist von einem der Sache selbst Äußerlichen aufgedrängt. Beherrschte das Dogma der Offenbarung die frühere Wissenschaft, so leidet durch das Dogma der Erfahrung die heutige.

Unsere Ansicht hat gezeigt, daß jede Annahme von einem Seinsgrunde, der außerhalb der Idee liegt, ein Unding ist. Der gesamte Seinsgrund hat sich in die Welt ausgegossen, er ist in sie aufgegangen. Im Denken zeigt er sich in seiner vollendetsten Form, so wie er an und für sich selbst ist. Vollzieht daher das Denken eine Verbindung, fällt es ein Urteil, so ist es der in dasselbe eingeflossene Inhalt des Weltgrundes selbst, der verbunden wird. Im Denken sind uns nicht Behauptungen gegeben über irgend einen jenseitigen Weltengrund, sondern derselbe ist substantiell in dasselbe eingeflossen. Wir haben eine unmittelbare Einsicht in die sachlichen, nicht bloß in die formellen Gründe, warum sich ein Urteil vollzieht. Nicht über irgend etwas Fremdes, sondern über seinen eigenen Inhalt bestimmt das Urteil. Unsere Ansicht begründet daher ein wahrhaftes *Wissen.* Unsere Erkenntnistheorie ist wirklich kritisch. Unserer Ansicht gemäß darf nicht nur der Offenbarung gegenüber nichts zugelassen werden, wofür nicht innerhalb des Denkens sachliche Gründe da sind; sondern auch die Erfahrung muß innerhalb des Denkens nicht nur nach der Seite ihrer Erscheinung, sondern als Wirkendes erkannt werden. Durch unser Denken erheben wir uns von der Anschauung der Wirklichkeit als einem *Produkte* zu der als einem *Produzierenden.*

So tritt das Wesen eines Dinges nur dann zutage, wenn dasselbe in Beziehung zum Menschen gebracht wird. Denn nur im letzteren erscheint für jedes Ding das Wesen. Das begründet einen Relativismus als Weltansicht, d. h. die Denkrichtung, welche annimmt, daß wir alle Dinge in dem Lichte sehen, das ihnen von Menschen selbst verliehen wird. Diese Ansicht führt auch den Namen Anthropomorphismus. Sie hat viele Vertreter. Die Mehrzahl derselben aber glaubt, daß wir uns durch diese Eigentümlichkeit unseres Erkennens von der Objektivität, wie sie an und für sich ist, entfernen. Wir nehmen, so glauben sie, alles durch die Brille der Subjektivität wahr. Unsere Auffassung zeigt uns das gerade Gegenteil davon. Wir müssen die Dinge durch diese Brille betrachten, wenn wir zu ihrem Wesen kommen wollen. Die Welt ist uns nicht allein so bekannt, wie sie uns erscheint, sondern sie erscheint so, allerdings nur der denkenden Betrachtung, wie sie ist. *Die Gestalt von der Wirklichkeit, welche der Mensch in der Wissenschaft entwirft, ist die letzte wahre Gestalt derselben.*

Nunmehr obliegt es uns noch, die Art des Erkennens, die wir als die richtige, d. h. zum Wesen der Wirklichkeit führende, erkannt haben, auf die einzelnen Wirklichkeitsgebiete auszudehnen. Wir werden nun zeigen, *wie* in den einzelnen Formen der Erfahrung deren Wesen zu suchen ist.

E. DAS NATUR-ERKENNEN

15. DIE UNORGANISCHE NATUR

Als die einfachste Art von Naturwirksamkeit erscheint uns jene, bei der ein Vorgang ganz das Ergebnis von Faktoren ist, die einander äußerlich gegenüberstehen. Da ist ein Ereignis oder eine Beziehung zwischen zwei Objekten nicht bedingt von einem Wesen, das sich in den äußeren Erscheinungsformen darlebt, von einer Individualität, die ihre inneren Fähigkeiten und ihren Charakter in einer Wirkung nach außen kundgibt. Sie sind allein dadurch hervorgerufen, daß ein Ding in seinem Geschehen einen gewissen Einfluß auf das andere ausübt, seine eigenen Zustände auf andere überträgt. Es erscheinen die Zustände des einen Dinges als Folge jener des anderen. Das System von Wirksamkeiten, die in dieser Weise erfolgen, daß immer eine Tatsache die Folge von anderen ihr gleichartigen ist, nennt man unorganische Natur.

Es hängt hier der Verlauf eines Vorganges oder das Charakteristische eines Verhältnisses von äußeren Bedingungen ab, die Tatsachen tragen Merkmale an sich, die das Resultat jener Bedingungen sind. Ändert sich die Art, in der diese äußeren Faktoren zusammentreten, so ändert sich natürlich auch die Folge ihres Zusammenbestehens; es ändert sich das herbeigeführte Phänomen.

Wie ist nun diese Weise des Zusammenbestehens bei der unorganischen Natur, so wie sie unmittelbar in das Feld unserer Beobachtungen eintritt? Sie trägt ganz jenen Charakter, den wir oben als den der *unmittelbaren Erfahrung* kennzeichneten. Wir haben es hier nur mit einem Spezialfall jener «Erfahrung im allgemeinen» zu tun. Es kommt hier auf die Verbindungen der sinnenfälligen Tatsachen an. Diese Verbindungen aber sind es gerade, die uns in der Erfahrung unklar, undurchsichtig erscheinen. Eine *Tatsache a* tritt uns gegenüber, gleichzeitig aber zahlreiche andere.

Wenn wir unseren Blick über die hier gebotene Mannigfaltigkeit schweifen lassen, sind wir völlig im unklaren, welche von den anderen Tatsachen mit der in Rede stehenden *a* in näherer, welche in entfernterer Beziehung stehen. Es können solche da sein, ohne die das Ereignis gar nicht eintreten kann; und wieder solche, die es nur modifizieren, ohne die es also ganz wohl eintreten könnte, nur hätte es dann unter anderen Nebenumständen eine *andere Gestalt.*

Damit ist uns zugleich der Weg gewiesen, den das Erkennen auf diesem Felde zu nehmen hat. Genügt uns die Kombination der Tatsachen in der unmittelbaren Erfahrung nicht, dann müssen wir zu einer anderen, unser Erklärungsbedürfnis befriedigenden fortschreiten. Wir haben Bedingungen zu schaffen, auf daß uns ein Vorgang in durchsichtiger Klarheit als die notwendige Folge dieser Bedingungen erscheine.

Wir erinnern uns, warum eigentlich das Denken in unmittelbarer Erfahrung bereits sein Wesen enthält. Weil wir innerhalb, nicht außerhalb jenes Prozesses stehen, der aus den einzelnen Gedankenelementen Gedankenverbindungen schafft. Dadurch ist uns nicht allein der vollendete Prozeß, das Bewirkte gegeben, sondern das Wirkende. Und darauf kommt es an, daß wir in irgend einem Vorgange der Außenwelt, der uns gegenübertritt, zuerst die treibenden Gewalten sehen, die ihn vom Mittelpunkte des Weltganzen heraus an die Peripherie bringen. Die Undurchsichtigkeit und Unklarheit einer Erscheinung oder eines Verhältnisses der Sinnenwelt kann nur überwunden werden, wenn wir ganz genau ersehen, daß sie das Ergebnis einer *bestimmten* Tatsachenkonstellation sind. Wir müssen wissen, der Vorgang, den wir jetzt sehen, entsteht durch das Zusammenwirken dieses und jenes Elementes der Sinnenwelt. Dann muß eben die Weise dieses Zusammenwirkens unserm Verstande vollkommen durchdringlich sein. Das Verhältnis, in das die Tatsachen gebracht werden, muß ein ideelles, ein unserem Geiste gemäßes sein. Die Dinge werden sich natürlich, in den Verhältnissen, in die sie durch den Verstand gebracht werden, *ihrer Natur* gemäß verhalten.

Wir sehen sogleich, was damit gewonnen wird. Blicke ich aufs Geratewohl in die Sinnenwelt, so sehe ich Vorgänge, die durch das Zusammenwirken so vieler Faktoren hervorgebracht sind, daß es mir unmöglich ist, unmittelbar zu sehen, was eigentlich als Wirkendes hinter dieser Wirkung steht. Ich sehe einen Vorgang und zugleich die Tatsachen *a, b, c* und *d.* Wie soll ich da sogleich wissen, welche von diesen Tatsachen mehr, welche weniger an dem Vorgang beteiligt sind? Die Sache wird durchsichtig, wenn ich erst untersuche, welche von den vier Tatsachen *unbedingt*

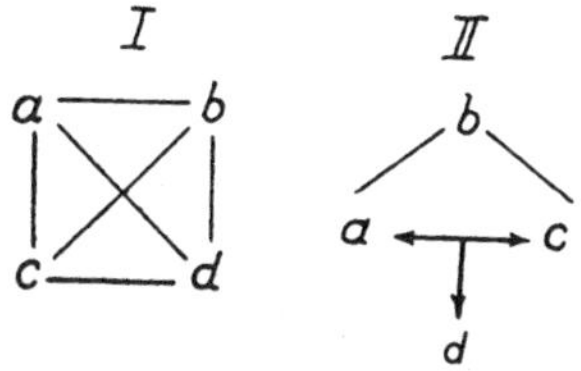

notwendig sind, damit der Prozeß überhaupt eintrete. Ich finde z. B., daß *a* und *c* unbedingt nötig sind. Hernach finde ich, daß ohne *d* der Prozeß zwar eintrete, aber mit erheblicher Änderung, wogegen ich ersehe, daß *b* gar keine wesentliche Bedeutung hat und auch durch anderes ersetzt werden könnte. Im Vorstehenden soll *I.* die Gruppierung der Elemente für die bloße Sinneswahrnehmung, *II.* die für den Geist symbolisch dargestellt werden. Der Geist gruppiert also die Tatsachen der unorganischen Welt so, daß er in einem Geschehen oder einer Beziehung die Folge der Verhältnisse der Tatsachen erblickt. So bringt der Geist die Notwendigkeit in die Zufälligkeit. Wir wollen das an einigen Beispielen klarlegen. Wenn ich ein Dreieck *a b c* vor mir habe, so ersehe ich auf den ersten Blick wohl nicht, daß die Summe der drei Winkel stets einem gestreckten gleichkommt. Es wird dies sogleich klar, wenn ich die Tatsachen in folgender Weise gruppiere. Aus den nachstehenden Figuren ergibt sich wohl sogleich,

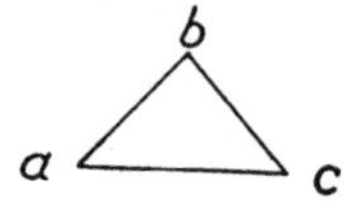

daß die Winkel *a'=a; b'=b* sind. *(A B* und *C D* respektive *A' B'* und *C' D'* sind parallel).

Habe ich nun ein Dreieck vor mir und ziehe ich durch die Spitze *C* eine parallele Gerade zur Grundlinie *A B,* so finde ich, wenn ich Obiges anwende, in bezug auf die Winkel *a'=a; b'=b.* Da nun c sich selbst gleich ist, so sind notwendig alle drei Dreieckswinkel

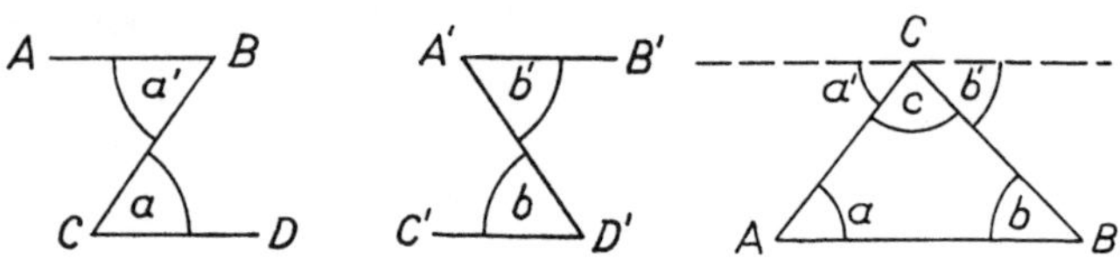

zusammen einem gestreckten Winkel gleich. Ich habe hier einen komplizierten Tatsachenzusammenhang dadurch erklärt, daß ich ihn auf solche einfache Tatsachen zurückführte, durch die aus dem Verhältnisse, das dem Geiste gegeben ist, die entsprechende Beziehung mit Notwendigkeit aus der Natur der gegebenen Dinge folgt.

Ein anderes Beispiel ist folgendes: Ich werfe einen Stein in waagerechter Richtung. Er beschreibt eine Bahn, die wir in der Linie *l l'* abgebildet haben. Wenn ich mir die treibenden Kräfte betrachte, die hier in Betracht kommen, so finde ich: 1) die Stoßkraft, die ich ausgeübt; 2) die Kraft, mit der die Erde den Stein anzieht; 3) die Kraft des Luftwiderstandes.

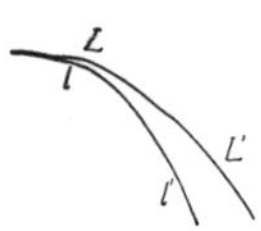

Ich finde bei näherer Überlegung, daß die beiden ersten Kräfte die *wesentlichen,* die Eigentümlichkeit der Bahn bewirkenden sind, während die dritte nebensächlich ist. Wirkten nur die beiden ersten, so beschriebe der Stein die Bahn *L L'*. Die letztere finde ich, wenn ich von der dritten Kraft ganz absehe und nur die beiden ersten in Zusammenhang bringe. Das *tatsächlich* auszuführen, ist weder möglich noch nötig. Ich kann nicht allen Widerstand beseitigen. Ich brauche dafür aber nur das Wesen der beiden ersten Kräfte gedanklich zu erfassen, sie dann in die notwendige Beziehung ebenfalls nur gedanklich zu bringen; und es ergibt sich die Bahn *L L'* als jene, die notwendig erfolgen müßte, wenn nur die zwei Kräfte zusammenwirkten.

In dieser Weise löst der Geist alle Phänomene der unorganischen Natur in solche auf, wo ihm die Wirkung unmittelbar mit Notwendigkeit aus dem Bewirkenden hervorzugehen scheint.

Bringt man dann, wenn man das Bewegungsgesetz des Steines infolge der beiden ersten Kräfte hat, noch die dritte Kraft hinzu, so ergibt sich die Bahn *l l'*. Weitere Bedingungen könnten die Sache noch mehr komplizieren. Jeder zusammengesetzte Vorgang der Sinnenwelt erscheint als ein Gewebe jener einfachen, vom Geiste durchdrungenen Tatsachen und ist in dieselben auflösbar.

Ein solches Phänomen nun, bei dem der Charakter des Vorganges unmittelbar aus der Natur der in Betracht kommenden Faktoren in durchsichtig klarer Weise folgt, nennen wir ein *Urphänomen* oder eine *Grundtatsache.*

Dieses Urphänomen ist identisch mit dem objektiven Naturgesetz. Denn es ist in demselben nicht allein ausgesprochen, daß ein Vorgang unter bestimmten Verhältnissen erfolgt ist, sondern daß er erfolgen mußte. Man hat *eingesehen,* daß er bei der Natur dessen, was da in Betracht kam, erfolgen mußte. Man fordert heute so allgemein den äußeren Empirismus, da man glaubt, mit jeder Annahme, die das empirisch Gegebene überschreitet, tappe man im Unsichern herum. Wir sehen, daß wir ganz *innerhalb* der Phänomene stehen bleiben können und doch das Notwendige antreffen. Die induktive Methode, die heute vielfach vertreten ist, kann das nie. Sie geht im wesentlichen in folgender Weise vor. Sie sieht ein Phänomen, das unter gegebenen Bedingungen in einer bestimmten Weise erfolgt. Ein zweites Mal sieht sie unter ähnlichen Bedingungen dasselbe Phänomen eintreten. Daraus folgert sie, daß ein allgemeines Gesetz bestehe, wonach dieses Ereignis eintreten müsse, und spricht dieses Gesetz als solches aus. Eine solche Methode bleibt den Erscheinungen vollkommen äußerlich. Sie dringt nicht in die Tiefe. Ihre Gesetze sind Verallgemeinerungen von einzelnen Tatsachen. Sie muß immer erst von den einzelnen Tatsachen die Bestätigung der Regel abwarten. Unsere Methode weiß, daß ihre Gesetze einfach Tatsachen sind, die aus dem Wirrsal der Zufälligkeit herausgerissen und zu notwendigen gemacht sind. Wir wissen, daß, wenn die Faktoren *a* und *b* da sind, notwendig eine bestimmte Wirkung eintreten muß. Wir gehen nicht über die Erscheinungswelt hinaus. Der Inhalt der Wissenschaft, wie wir ihn denken, ist nichts weiter als objektives Geschehen. Geändert ist nur die Form der Zusammenstellung der Fakten. Aber durch diese ist man gerade einen Schritt tiefer in die Objektivität hineingedrungen, als ihn die Erfahrung möglich macht. Wir stellen die Fakten so zusammen, daß sie ihrer eigenen Natur und *nur* dieser gemäß wirken und daß diese Wirkung nicht durch diese oder jene Verhältnisse modifiziert werde.

Wir legen den größten Wert darauf, daß diese Ausführungen überall gerechtfertigt werden können, wo man in den wirklichen Betrieb der Wissenschaft blickt. Es widersprechen ihnen nur die irrtümlichen Ansichten, die man *über* die Tragweite und die Natur der wissenschaftlichen Sätze hat. Während sich viele unserer Zeitgenossen *mit ihren eigenen* Theorien in Widerspruch versetzen, wenn sie das Feld der praktischen Forschung betreten, ließe sich die Harmonie aller wahren Forschung mit unseren Auseinandersetzungen in jedem einzelnen Falle leicht nachweisen.

Unsere Theorie fordert für jedes *Naturgesetz* eine bestimmte Form. Es setzt einen Zusammenhang von Tatsachen voraus und stellt fest, daß, wenn derselbe irgendwo in der Wirklichkeit eintrifft, ein bestimmter Vorgang statthaben muß.

Jedes Naturgesetz hat daher die Form: wenn dieses Faktum mit jenem zusammenwirkt, so entsteht diese Erscheinung... Es wäre leicht nachzuweisen, daß alle Naturgesetze wirklich diese Form haben: Wenn zwei Körper von ungleicher Temperatur aneinander grenzen, so fließt so lange Wärme von dem wärmeren in den kälteren, bis die Temperatur in beiden gleich ist. Wenn eine Flüssigkeit in zwei Gefäßen ist, die miteinander in Verbindung stehen, so stellt sich das Niveau in beiden Gefäßen gleich hoch. Wenn ein Körper zwischen einer Lichtquelle und einem anderen Körper steht, so wirft er auf denselben einen Schatten. Was in Mathematik, Physik und Mechanik nicht bloße Beschreibung ist, das muß *Urphänomen* sein.

Auf dem Gewahrwerden der Urphänomene beruht aller Fortschritt der Wissenschaft. Wenn es gelingt, einen Vorgang aus den Verbindungen mit anderen herauszulösen und ihn rein für die Folge bestimmter Erfahrungselemente zu erklären, ist man einen Schritt tiefer in das Weltgetriebe eingedrungen.

Wir haben gesehen, daß sich das Urphänomen rein im Gedanken ergibt, wenn man die in Betracht kommenden Faktoren ihrem Wesen gemäß im Denken in Zusammenhang bringt. Man kann aber die notwendigen Bedingungen auch künstlich herstellen. Das geschieht beim wissenschaftlichen Versuche. Da haben wir das Eintreten gewisser Tatsachen in unserer Gewalt. Natürlich können wir nicht von allen Nebenumständen absehen. Aber es gibt ein Mittel, doch über die letzteren hinwegzukommen. Man stellt ein Phänomen in verschiedenen Modifikationen her. Man läßt einmal die, einmal jene Nebenumstände wirken. Dann findet man, daß sich ein Konstantes durch alle diese Modifikationen hindurchzieht. Man muß das Wesentliche eben in allen Kombinationen beibehalten. Man findet, daß in allen diesen einzelnen Erfahrungen ein Tatsachenbestandteil derselbe bleibt. Dieser ist *höhere Erfahrung* in der Erfahrung. Er ist *Grundtatsache* oder *Urphänomen.*

Der Versuch soll uns versichern, daß nichts anderes einen bestimmten Vorgang beeinflußt, als was wir in Rechnung bringen. Wir stellen gewisse Bedingungen zusammen, deren Natur wir kennen, und warten ab, was daraus erfolgt. Da haben wir das objektive Phänomen auf Grund subjektiver Schöpfung. Wir haben ein Objektives, das zugleich durch und durch subjektiv ist. *Der Versuch ist daher der wahre Vermittler von Subjekt und Objekt in der unorganischen Naturwissenschaft.*

Die Keime zu der von uns hier entwickelten Ansicht finden sich in dem Briefwechsel Goethes mit Schiller. Die Briefe Goethes und Schillers vom Anfange des Jahres 1798 befassen sich damit. Sie bezeichnen diese Methode als *rationellen Empirismus,* weil sie nichts als objektive Vorgänge zum Inhalte der Wissenschaft macht; diese objektiven Vorgänge aber zusammengehalten werden von einem Gewebe von Begriffen (Gesetzen), das unser Geist in ihnen entdeckt. Die sinnenfälligen Vorgänge in einem nur dem Denken faßbaren Zusammenhange, das ist rationeller Empirismus. Hält man jene Briefe zusammen mit Goethes Aufsatz: «Der Versuch als Vermittler von Subjekt und Objekt», so wird man in der obigen Theorie die konsequente Folge davon erblicken.[11]

In der unorganischen Natur trifft also durchaus das allgemeine Verhältnis, das wir zwischen Erfahrung und Wissenschaft festgestellt haben, zu. Die gewöhnliche Erfahrung ist nur die halbe Wirklichkeit. Für die Sinne ist nur diese eine Hälfte da. Die andere

---

11 Interessant ist, daß Goethe noch einen zweiten Aufsatz geschrieben hat, in dem er die Gedanken jenes über den Versuch weiter ausgeführt. Wir können uns den Aufsatz aus Schillers Brief vom 19. Januar 1798 rekonstruieren. Goethe teilt da die Methoden der Wissenschaft in: gemeinen Empirismus, der bei den äußerlichen, den Sinnen gegebenen Phänomenen stehen bleibt; in den Rationalismus, der auf ungenügende Beobachtung hin Gedankensysteme aufbaut, der also, statt die Tatsachen ihrem Wesen gemäß zu gruppieren, künstlich zuerst die Zusammenhänge ausklügelt und dann in phantastischer Weise daraus etwas in die Tatsachenwelt hineinliest; dann endlich in den rationellen Empirismus, der nicht bei der gemeinen Erfahrung stehen bleibt, sondern Bedingungen schafft, unter denen die Erfahrung ihr Wesen enthüllt.

Hälfte ist nur für unser geistiges Auffassungsvermögen vorhanden. Der Geist erhebt die Erfahrung von einer *«Erscheinung für die Sinne»* zu seiner eigenen. Wir haben gezeigt, wie es auf diesem Felde möglich ist, sich vom Gewirkten zum Wirkenden zu erheben. Das letztere findet der *Geist,* wenn er an das erstere herantritt.

Wissenschaftliche Befriedigung wird uns von einer Ansicht erst dann, wenn sie uns in eine abgeschlossene Ganzheit einführt. Nun zeigt sich aber die Sinnenwelt als unorganische an keinem ihrer Punkte als abgeschlossen, nirgends tritt ein individuelles Ganzes auf. Immer weist uns ein Vorgang auf einen andern, von dem er abhängt; dieser auf einen dritten usw. Wo ist hier ein Abschluß? Die Sinnenwelt als unorganische bringt es nicht zur Individualität. Nur in ihrer Allheit ist sie abgeschlossen. Wir müssen daher streben, um ein Ganzes zu haben, die Gesamtheit des Unorganischen als *ein* System zu begreifen. Ein solches System ist der *Kosmos.*

Das durchdringende Verständnis des Kosmos ist Ziel und Ideal der unorganischen Naturwissenschaft. Jedes nicht bis dahin vordringende wissenschaftliche Streben ist bloße Vorbereitung; ein Glied des Ganzen, nicht das Ganze selbst.

16. DIE ORGANISCHE NATUR

Lange Zeit hat die Wissenschaft vor dem Organischen haltgemacht. Sie hielt ihre Methoden nicht für ausreichend, das Leben und seine Erscheinungen zu *begreifen.* Ja sie glaubte überhaupt, daß jede Gesetzlichkeit, wie eine solche in der unorganischen Natur wirksam ist, hier aufhöre. Was man in der unorganischen Welt zugab, daß uns eine Erscheinung begreiflich wird, wenn wir ihre natürlichen Vorbedingungen kennen, leugnete man hier einfach. Man dachte sich den Organismus nach einem bestimmten Plane des Schöpfers *zweckmäßig* angelegt. Jedes Organ hätte seine Bestimmung vorgezeichnet; alles Fragen könne sich hier nur darauf beziehen: welches ist der Zweck dieses oder jenes Organes, wozu ist das oder jenes da? Wandte man sich in der unorganischen Welt an die *Vor*bedingungen einer Sache, so hielt man diese für die Tatsachen des Lebens ganz gleichgültig und legte den Hauptwert auf die *Bestimmung* eines Dinges. Auch fragte man bei den Prozessen, die das Leben begleiten, nicht so wie bei den physikalischen Erscheinungen nach den natürlichen Ursachen, sondern meinte sie einer besonderen Lebenskraft zuschreiben zu müssen. Was sich da im Organismus bildet, das dachte man sich als das Produkt dieser Kraft, die sich einfach über die sonstigen Naturgesetze hinwegsetzt. Die Wissenschaft wußte eben bis zum Beginne unseres Jahrhunderts mit den Organismen nichts anzufangen. Sie war allein auf das Gebiet der unorganischen Welt beschränkt.

Indem man so die Gesetzmäßigkeit des Organischen nicht in der Natur der Objekte suchte, sondern in dem Gedanken, den der Schöpfer bei ihrer Bildung befolgt, schnitt man sich auch alle Möglichkeit einer Erklärung ab. Wie soll mir jener Gedanke kund werden? Ich bin doch auf das beschränkt, was ich vor mir habe. Enthüllt mir *dieses selbst* innerhalb meines Denkens seine Gesetze nicht, dann hört meine Wissenschaft eben auf. Von dem Erraten der Pläne, die ein außerhalb stehendes Wesen hatte, kann im *wissenschaftlichen Sinne* nicht die Rede sein.

Am Ende des vorigen Jahrhunderts war die Ansicht wohl allgemein noch die herrschende, daß es eine Wissenschaft als Erklärung der Lebenserscheinungen in dem Sinne, wie z. B. die Physik eine erklärende Wissenschaft ist, nicht gebe. Kant hat sogar derselben eine philosophische Begründung zu geben versucht. Er hielt nämlich unseren Verstand für einen solchen, der nur von dem Besonderen auf das Allgemeine gehen könne. Das Besondere, die Einzeldinge, seien ihm gegeben und daraus abstrahiere er seine allgemeinen Gesetze. Diese Art des Denkens nennt Kant diskursiv und hält sie für die allein dem Menschen zukommende. Daher gibt es nach seiner Ansicht nur von *den* Dingen eine Wissenschaft, wo das Besondere an und für sich genommen ganz begrifflos ist und nur unter einen abstrakten Begriff subsumiert wird. Bei den Organismen fand Kant diese Bedingung nicht erfüllt. Hier verrät die einzelne Erscheinung eine *zweckmäßige, d.i. begriffsmäßige* Einrichtung. Das Besondere trägt Spuren des Begriffes an sich. Solche Wesen aber zu begreifen fehlt uns, nach der Anschauung des Königsberger Philosophen, jede Anlage. Wir können nur da verstehen, wo Begriff und Einzelding getrennt sind; jener ein Allgemeines, dieses ein Besonderes darstellt. Es bleibt uns also nichts übrig als unseren Beobachtungen der Organismen die *Idee der Zweckmäßigkeit* zugrunde zu legen; die Lebewesen zu behandeln, als ob ihren Erscheinungen ein System von Absichten zugrunde liege. Kant also hat die Unwissenschaftlichkeit hier gleichsam wissenschaftlich begründet.

Goethe hat nun gegen solch unwissenschaftliches Gebaren entschieden protestiert. Er konnte nie einsehen, warum unser Denken nicht auch ausreichen sollte, bei einem Organe eines Lebewesens zu fragen: woher entspringt es, statt wozu dient es. Das lag in seiner Natur, die ihn stets drängte, jedes Wesen in seiner inneren Vollkommenheit zu erblicken. Es schien ihm eine unwissenschaftliche Betrachtungsweise, welche sich nur um die äußere Zweckmäßigkeit eines Organes, d.h. um dessen Nutzen für ein anderes kümmert. Was soll das mit der inneren Wesenheit eines Dinges zu tun haben? Darauf kommt es ihm nie an, wozu etwas nützt; stets nur darauf, *wie* es sich *entwickelt.* Nicht als abgeschlossenes Ding will er ein Objekt betrachten, sondern in seinem Werden, damit er erkenne, welchen Ursprunges es ist. An Spinoza zog ihn besonders an, daß dieser die äußerliche *Zweckmäßigkeit* der Organe und Organismen nicht gelten ließ. Goethe forderte für das Erkennen der organischen Welt eine Methode, die genau in dem Sinne wissenschaftlich ist, wie es die ist, die wir auf die unorganische Welt anwenden.

Zwar nicht in so genialer Weise wie bei ihm, aber nicht minder dringend trat das Bedürfnis nach einer solchen Methode in der Naturwissenschaft immer wieder auf. Heute zweifelt wohl nur mehr ein sehr kleiner Bruchteil der Forscher an der Möglichkeit derselben. Ob aber die Versuche, die man hie und da gemacht, eine solche einzuführen, geglückt sind, das ist allerdings eine andere Frage.

Man hat da vor allem einen großen Irrtum begangen. Man glaubte die Methode der unorganischen Wissenschaft in das Organismenreich einfach herübernehmen zu sollen. Man hielt die hier angewendete Methode überhaupt für die einzig wissenschaftliche und dachte, wenn die *Organik* wissenschaftlich möglich sein soll, dann müsse sie es genau in dem Sinne sein, in dem es die *Physik* z. B. ist. Die Möglichkeit aber, daß vielleicht der Begriff der Wissenschaftlichkeit ein viel weiterer sei als: «die Erklärung der Welt nach den Gesetzen der physikalischen Welt», vergaß man. Auch heute ist man bis zu dieser Erkenntnis noch nicht durchgedrungen. Statt zu untersuchen, worauf denn eigentlich die *Wissenschaftlichkeit* der unorganischen Wissenschaften beruht, und dann nach einer Methode zu suchen, die sich unter Festhaltung der sich hieraus ergebenden Anforderungen auf die Lebewelt anwenden läßt, erklärt man einfach die auf jener unteren Stufe des Daseins gewonnenen Gesetze für universell.

Man sollte aber vor allem untersuchen, worauf das wissenschaftliche Denken überhaupt beruht. Wir haben das in unserer Abhandlung getan. Wir haben im vorigen Kapitel auch erkannt, daß die unorganische Gesetzlichkeit nicht ein einzig Dastehendes ist, sondern nur ein Spezialfall von aller möglichen Gesetzmäßigkeit überhaupt. Die Methode der Physik ist einfach ein *besonderer Fall* einer allgemeinen wissenschaftlichen Forschungsweise, wobei auf die Natur der in Betracht kommenden Gegenstände, auf das Gebiet, dem diese Wissenschaft dient, Rücksicht genommen ist. Wird diese Methode auf das Organische ausgedehnt, dann löscht man die spezifische Natur des letzteren aus. Statt das Organische seiner Natur gemäß zu erforschen, drängt man ihm eine ihm fremde Gesetzmäßigkeit auf. So aber, indem man das Organische leugnet, wird man es nie erkennen. Ein solches wissenschaftliches Gebaren wiederholt einfach das, was es auf einer niederen Stufe gewonnen, auf einer höheren; und während es glaubt, die höhere Daseinsform unter die anderweitig fertiggestellten Gesetze zu bringen, entschlüpft ihm diese Form unter seiner Bemühung, weil es sie in ihrer Eigentümlichkeit nicht festzuhalten und zu behandeln weiß.

Alles das kommt von der irrtümlichen Ansicht, die da glaubt, die Methode einer Wissenschaft sei ein den Gegenständen derselben Äußerliches, nicht von diesen, sondern von *unserer* Natur Bedingtes. Man glaubt, man müsse in einer bestimmten Weise über die Objekte denken, und zwar über *alle* – über das ganze Universum – in gleicher Weise. Man stellt Untersuchungen an, die da zeigen sollen: wir könnten vermöge der Natur unseres Geistes nur induktiv, nur deduktiv usw. denken.

Dabei übersieht man aber, daß die Objekte die Betrachtungsweise, die wir ihnen da vindizieren wollen, vielleicht gar nicht vertragen.

Daß der Vorwurf, den wir der organischen Naturwissenschaft unserer Tage machen: sie übertrage auf die organische Natur nicht das Prinzip wissenschaftlicher Betrachtungsweise überhaupt, sondern das der unorganischen Natur, vollauf berechtigt ist, lehrt uns ein Blick auf die Ansichten des gewiß bedeutendsten der naturforschenden Theoretiker der Gegenwart, Haeckels.

Wenn er von allem wissenschaftlichen Bestreben fordert, daß «der *ursächliche* Zusammenhang der Erscheinungen überall zur Geltung komme»[12], wenn er sagt: «Wenn die *psychische Mechanik* nicht so unendlich zusammengesetzt wäre, wenn wir imstande

12 *Haeckel,* «Die Naturanschauung von Darwin, Goethe und Lamarck». [Jena] 1882, S. 53.

wären, auch die geschichtliche Entwicklung der psychischen Funktionen vollständig zu übersehen, so würden wir sie alle in eine mathematische Seelenformel bringen können», so sieht man daraus deutlich, was er will: *die gesamte Welt nach der Schablone der physikalischen Methode behandeln.*

Diese Forderung liegt aber auch dem Darwinismus nicht in seiner ursprünglichen Gestalt, sondern in seiner heutigen Deutung zugrunde. Wir haben gesehen, daß in der unorganischen Natur einen Vorgang erklären heißt: sein *gesetzmäßiges Hervorgehen* aus anderen sinnenfälligen Wirklichkeiten zu zeigen, ihn von Gegenständen, die wie *er* der sinnlichen Welt angehören, ableiten. Wie verwendet die heutige Organik aber das Prinzip der *Anpassung* und des *Kampfes ums Dasein,* die beide als der *Ausdruck eines Tatbestandes* von uns gewiß nicht angezweifelt werden sollen? Man glaubt geradezu den Charakter einer bestimmten Art aus den äußeren Verhältnissen, in denen sie gelebt, ebenso ableiten zu können, wie etwa die Erwärmung eines Körpers aus den auffallenden Sonnenstrahlen. Man vergißt vollständig, daß man jenen Charakter seinen inhaltsvollen Bestimmungen nach nie als eine Folge dieser Verhältnisse aufweisen kann. Die Verhältnisse mögen einen bestimmenden Einfluß haben, eine *erzeugende* Ursache sind sie nicht. Wir sind wohl imstande zu sagen: Unter dem Eindrucke dieses oder jenes Tatbestandes mußte sich eine Art so entwikkeln, daß sich dieses oder jenes Organ besonders ausbildete; das Inhaltliche aber, das Spezifisch-Organische läßt sich aus äußeren Verhältnissen nicht ableiten. Ein organisches Wesen hätte die wesentlichen Eigenschaften *a b c;* nun ist es unter dem Einflusse bestimmter äußerer Verhältnisse zur Entwicklung gelangt. Daher haben seine Eigenschaften die besondere Gestalt *a' b' c'* angenommen. Wenn wir diese Einflüsse in Erwägung ziehen, so werden wir begreifen, daß sich *a* in der Form von *a'* entwickelt hat, *b* in *b', c* in *c'*. Aber die spezifische Natur des *a, b* und *c* kann sich uns nimmermehr als Ergebnis äußerer Verhältnisse ergeben.

Man muß vor allem sein Denken darauf richten: woher nehmen wir denn den Inhalt desjenigen Allgemeinen, als dessen Spezialfall wir das einzelne organische Wesen ansehen? Wir wissen ganz gut, daß die Spezialisierung von der Einwirkung von außen kommt. Aber die spezialisierte Gestalt selbst müssen wir aus einem inneren Prinzip ableiten. Daß sich gerade diese besondere Form entwickelt hat, darüber gewinnen wir Aufschluß, wenn wir die Umgebung eines Wesens studieren. Nun aber ist diese besondere Form doch an und für sich etwas; wir erblicken sie mit gewissen Eigenschaften. Wir sehen, worauf es ankommt. Es tritt der äußeren Erscheinung ein in sich gestalteter Inhalt gegenüber, der uns das an die Hand gibt, was wir brauchen, um jene Eigenschaften abzuleiten. In der unorganischen Natur nehmen wir eine Tatsache wahr und suchen behufs ihrer Erklärung eine zweite, eine dritte usw.; und das Ergebnis ist, jene erste erscheint uns als die notwendige Folge der letzteren. In der organischen Welt ist es nicht so. Hier bedürfen wir außer den Tatsachen noch eines Faktors. Wir müssen den Einwirkungen der äußeren Umstände etwas zugrunde legen, das sich nicht passiv von jenen bestimmen läßt, sondern sich aktiv aus sich selbst unter dem Einflusse jener bestimmt.

Was ist aber diese Grundlage? Es kann doch nichts sein als das, was im Besonderen erscheint in der *Form der Allgemeinheit.* Im Besonderen erscheint aber immer ein bestimmter Organismus. Jene Grundlage ist daher ein Organismus in der Form der Allgemeinheit. Ein *allgemeines Bild des Organismus,* das alle besonderen Formen desselben in sich begreift.

Wir wollen nach dem Vorgange Goethes diesen allgemeinen Organismus *Typus* nennen. Mag das Wort Typus seiner sprachlichen Entwicklung nach was immer noch bedeuten; wir gebrauchen es in diesem Goetheschen Sinne und denken dabei nie etwas anderes als das Angegebene. Dieser Typus ist in keinem Einzelorganismus in aller seiner Vollkommenheit ausgebildet. Nur unser vernunftgemäßes Denken ist imstande, sich desselben zu bemächtigen, indem es ihn als allgemeines Bild aus den Erscheinungen abzieht. Der Typus ist somit die Idee des Organismus: die Tierheit im Tiere, die allgemeine Pflanze in der speziellen.

Man darf sich unter diesem Typus nichts Festes vorstellen. Er hat ganz und gar nichts zu tun mit dem, was Agassiz, Darwins bedeutendster Bekämpfer, einen «verkörperten Schöpfungsgedanken Gottes» nannte. Der Typus ist etwas durchaus Flüssiges, aus dem sich alle besonderen Arten und Gattungen, die man als Untertypen, spezialisierte Typen ansehen kann, ableiten lassen. Der Typus schließt die Deszendenztheorie nicht aus. Er widerspricht nicht der *Tatsache,* daß sich die organischen Formen auseinander entwickeln. Er ist nur der vernunftgemäße Protest dagegen, daß die organische Entwicklung rein in den nacheinander auftretenden, tatsächlichen (sinnlich wahrnehmbaren) Formen aufgeht. Er ist dasjenige, was dieser ganzen Entwicklung zugrunde liegt. Er ist es, der den Zusammenhang in dieser unendlichen Mannigfaltigkeit herstellt. Er ist das Innerliche von dem, was wir als äußerliche Formen der Lebewesen erfahren. *Die Darwinsche Theorie setzt den Typus voraus.*

Der Typus ist der wahre Urorganismus; je nachdem er sich ideell spezialisiert: Urpflanze oder Urtier. Kein einzelnes, sinnlich-wirkliches Lebewesen kann es sein. Was Haeckel oder andere Naturalisten als Urform ansehen, ist schon eine besondere Gestalt; ist eben die einfachste Gestalt des Typus. Daß er zeitlich zuerst in einfachster Form auftritt, bedingt nicht, daß die zeitlich-folgenden Formen sich als Folge der zeitlich-vorangehenden ergeben. *Alle* Formen ergeben sich als *Folge des Typus,* die erste wie die letzte sind Erscheinungen desselben. Ihn müssen wir einer wahren Organik zugrunde legen und nicht einfach die einzelnen Tier- und Pflanzenarten auseinander ableiten wollen. Wie ein roter Faden zieht sich der Typus durch alle Entwicklungsstufen der organischen Welt. Wir müssen ihn festhalten und dann *mit ihm* dieses große, verschiedengestaltige Reich durchwandern. Dann wird es uns verständlich. Sonst zerfällt es uns wie die ganze übrige Erfahrungswelt in eine zusammenhanglose Menge von Einzelheiten. Ja selbst wenn wir glauben, Späteres, Komplizierteres, Zusammengesetzteres auf eine *ehemalige* einfachere Form zurückzuführen und in dem letzteren ein Ursprüngliches zu haben, so täuschen wir uns, denn wir haben nur Spezialform von Spezialform abgeleitet.

Friedrich Theodor Vischer hat einmal in bezug auf die Darwinsche Theorie die Ansicht ausgesprochen, daß sie eine Revision unseres Zeitbegriffes notwendig mache. Wir sind hier an einem Punkt angekommen, der uns ersichtlich macht, in welchem Sinne eine solche Revision zu geschehen hätte. Sie hätte zu zeigen, daß die Herleitung eines Späteren aus einem Früheren keine Erklärung ist, daß das Zeitlich-Erste kein Prinzipiell-Erstes ist. Alle Ableitung hat aus einem Prinzipiellen zu geschehen und höchstens wäre zu zeigen, welche Faktoren wirksam waren, daß sich die eine Wesensart *zeitlich vor* der anderen entwickelt hat.

Der Typus spielt in der organischen Welt dieselbe Rolle wie das Naturgesetz in der unorganischen. Wie dieses uns die Möglichkeit an die Hand gibt, jedes einzelne Geschehen als das Glied eines großen Ganzen zu erkennen, so setzt uns der Typus in die Lage, den einzelnen Organismus als eine besondere Form der Urgestalt anzusehen.

Wir haben bereits darauf hingedeutet, daß der Typus keine abgeschlossene eingefrorene Begriffsform ist, sondern daß er flüssig ist, daß er die mannigfaltigsten Gestaltungen annehmen kann. Die Zahl dieser Gestaltungen ist eine unendliche, weil dasjenige, wodurch die Urform eine einzelne, besondere ist, für die Urform selbst keine Bedeutung hat. Es ist gerade so, wie ein Naturgesetz unendlich viele einzelne Erscheinungen regelt, weil die speziellen Bestimmungen, die in dem einzelnen Falle auftreten, mit dem Gesetze nichts zu tun haben.

Doch handelt es sich um etwas wesentlich anderes als in der unorganischen Natur. Dort handelte es sich darum, zu zeigen, daß eine bestimmte sinnenfällige Tatsache so und nicht anders erfolgen kann, weil dieses oder jenes *Naturgesetz* besteht. Jene Tatsache und das Gesetz stehen sich als zwei getrennte Faktoren gegenüber, und es bedarf weiter gar keiner geistigen Arbeit, als daß wir uns, wenn wir eines Faktums ansichtig werden, des Gesetzes erinnern, das maßgebend ist. Bei einem Lebewesen und seinen Erscheinungen ist das anders. Da handelt es sich darum, die einzelne Form, die in unserer Erfahrung auftritt, aus dem Typus heraus, den wir erfaßt haben müssen, zu entwickeln. Wir müssen einen geistigen Prozeß wesentlich anderer Art vollziehen. Wir dürfen den Typus nicht als etwas Fertiges wie das Naturgesetz einfach der einzelnen Erscheinung gegenüberstellen.

Daß jeder Körper, wenn er durch keine nebensächlichen Umstände gehindert wird, so zur Erde fällt, daß sich die in den aufeinanderfolgenden Zeiten durchlaufenen Wege verhalten wie 1:3:5:7 usw., ist ein einmal fertiges, bestimmtes *Gesetz.* Es ist ein *Urphänomen,* welches auftritt, wenn zwei Massen (Erde, Körper auf derselben) in gegenseitige Beziehung treten. Tritt nun ein spezieller Fall in das Feld unserer Beobachtung ein, auf den dieses Gesetz Anwendung findet, so brauchen wir nur die sinnlich beobachtbaren Tatsachen in jener Beziehung zu betrachten, die das Gesetz an die Hand gibt, und wir werden es bestätigt finden. Wir führen den einzelnen Fall auf das Gesetz zurück. Das Naturgesetz spricht den Zusammenhang der in der Sinnenwelt getrennten Tatsachen aus; es bleibt aber als solches gegenüber der einzelnen Erscheinung bestehen. Beim Typus müssen wir aus der Urform jenen besonderen Fall, der uns vorliegt, *heraus entwickeln.* Wir dürfen den Typus der einzelnen Gestalt nicht gegenüberstellen, um zu sehen, wie er die letztere regelt; wir müssen sie aus demselben *hervorgehen* lassen. Das Gesetz beherrscht die Erscheinung als ein über ihr Stehendes; der Typus fließt in das einzelne Lebewesen ein; er identifiziert sich mit ihm.

Eine Organik muß daher, wenn sie in dem Sinne Wissenschaft sein will, wie es die Mechanik oder die Physik ist, den Typus als allgemeinste Form und dann auch in verschiedenen ideellen Sondergestalten zeigen. Die Mechanik ist ja auch eine Zusammenstellung der verschiedenen Naturgesetze, wobei die realen Bedingungen durchweg hypothetisch angenommen sind. Nicht anders müßte es in der Organik sein. Auch hier müßte man hypothetisch bestimmte Formen, in denen sich der Typus ausbildet, annehmen, wenn man eine rationelle Wissenschaft haben wollte. Man müßte dann zeigen, wie diese hypothetischen Gestaltungen stets auf eine bestimmte, unserer Beobachtung vorliegende Form gebracht werden können.

Wie wir im Unorganischen eine Erscheinung auf ein Gesetz zurückführen, so *entwickeln* wir hier eine Spezialform aus der Urform. Nicht durch äußerliche Gegenüberstellung von Allgemeinem und Besonderem kommt die organische Wissenschaft zustande, sondern durch Entwicklung der einen Form aus der andern.

Wie die Mechanik ein System von Naturgesetzen ist, so soll die Organik eine Folge von Entwicklungsformen des Typus sein. Nur daß wir dort die einzelnen Gesetze zusammenstellen und zu einem *Ganzen ordnen,* während wir hier die einzelnen Formen lebendig auseinander hervorgehen lassen müssen.

Da ist ein Einwand möglich. Wenn die typische Form etwas durchaus Flüssiges ist, wie ist es da überhaupt möglich, eine Kette aneinandergereihter besonderer Typen als den Inhalt einer Organik aufzustellen? Man kann sich wohl vorstellen, daß man in jedem besonderen Falle, den man beobachtet, eine spezielle Form des Typus erkennt, aber man kann doch zum Behufe der Wissenschaft nicht bloß solche wirklich beobachtete Fälle zusammentragen.

Man kann aber etwas anderes. Man kann den Typus seine Reihe der Möglichkeiten durchlaufen lassen und dann immer diese oder jene Form (hypothetisch) festhalten. So erlangt man eine Reihe von gedanklich aus dem Typus abgeleiteten Formen als den Inhalt einer *rationellen Organik.*

Es ist eine Organik möglich, die ganz in dem strengsten Sinne Wissenschaft ist wie die Mechanik. Ihre Methode ist nur eine andere. Die Methode der Mechanik ist die beweisende. Jeder Beweis stützt sich auf eine gewisse Regel. Es besteht immer eine bestimmte Voraussetzung (d. h. es sind erfahrungsmögliche Bedingungen angegeben) und dann wird bestimmt, was eintritt, wenn diese Voraussetzungen statthaben. Wir begreifen dann eine einzelne Erscheinung unter Zugrundelegung des Gesetzes. Wir denken so: unter diesen Bedingungen tritt eine Erscheinung ein; die Bedingungen sind da, deswegen *muß* die Erscheinung eintreten. Das ist unser Gedankenprozeß, wenn wir an ein Ereignis der unorganischen Welt herantreten, um es zu erklären. Das ist die beweisende Methode. Sie ist wissenschaftlich, weil sie eine Erscheinung vollständig mit dem Begriffe durchtränkt, weil sich durch sie Wahrnehmung und Denken decken.

Mit dieser beweisenden Methode können wir aber in der Wissenschaft des Organischen nichts anfangen. Der Typus bestimmt eben nicht, daß unter gewissen Bedingungen eine bestimmte Erscheinung eintritt; er setzt nichts über ein Verhältnis von Gliedern, die einander fremd, äußerlich gegenüberstehen, fest. Er bestimmt nur die Gesetzmäßigkeit *seiner* eigenen Teile. Er weist nicht wie das Naturgesetz über sich hinaus. Es können die besonderen organischen Formen also nur aus der *allgemeinen Typusgestalt* heraus *entwickelt* werden, und die in der Erfahrung auftretenden organischen Wesen müssen mit irgend einer solchen Ableitungsform des Typus zusammenfallen. An die Stelle der beweisenden Methode muß hier die entwickelnde treten. Nicht daß die äußeren Bedingungen in dieser Weise aufeinander wirken und daher ein bestimmtes Ergebnis haben, wird hier festgestellt, sondern daß sich unter bestimmten äußeren Verhältnissen eine besondere Gestalt aus dem Typus herausgebildet hat. Das ist der durchgreifende Unterschied zwischen unorganischer und organischer Wissenschaft. Keiner Forschungsweise liegt er in so konsequenter Weise zugrunde wie der Goetheschen. Niemand hat so wie Goethe erkannt, daß eine organische Wissenschaft ohne allen dunklen Mystizismus, ohne Teleologie, ohne Annahme besonderer Schöpfungsgedanken möglich sein muß. Keiner aber auch hat bestimmter die Zumutung von sich gewiesen, mit den Methoden der unorganischen Naturwissenschaft hier etwas anzufangen.

Der Typus ist, wie wir gesehen haben, eine vollere wissenschaftliche Form als das Urphänomen. Er setzt auch eine intensivere Tätigkeit unseres Geistes voraus als jenes. Bei dem Nachdenken über die Dinge der unorganischen Natur gibt uns die Wahrnehmung der Sinne den Inhalt an die Hand. Es ist unsere sinnliche Organisation, die uns hier schon das liefert, was wir im Organischen nur durch den Geist empfangen. Um Süß, Sauer, Wärme, Kälte, Licht, Farbe usw. wahrzunehmen, braucht man nur gesunde Sinne. Wir haben da *im Denken* zu dem Stoffe nur die Form zu finden. Im Typus aber sind Inhalt und Form enge aneinander gebunden. Deshalb bestimmt der Typus ja nicht rein formell wie das Gesetz den Inhalt, sondern er durchdringt ihn lebendig, von innen heraus, als seinen eigenen. An unseren Geist tritt die Aufgabe heran, zugleich mit dem Formellen produktiv an der Erzeugung des Inhaltlichen teilzunehmen.

Man hat von jeher eine Denkungsart, welcher der Inhalt mit dem Formellen in unmittelbarem Zusammenhange erscheint, eine *intuitive* genannt.

Wiederholt tritt die Intuition als wissenschaftliches Prinzip auf. Der englische Philosoph Reid nennt eine Intuition, daß wir aus der Wahrnehmung der äußeren Erscheinungen (Sinneseindrücke) zugleich die Überzeugung von dem *Sein* derselben schöpften. Jacobi vermeinte, in unserem Gefühle von Gott sei uns nicht nur dieses selbst, sondern zugleich die Bürgschaft dafür gegeben, daß Gott *ist.* Auch dieses Urteil nennt man intuitiv. Das Charakteristische ist, wie man sieht, immer, daß in dem Inhaltlichen stets mehr gegeben sein soll als dieses selbst, daß man von einer gedanklichen Bestimmung weiß, *ohne Beweis,* bloß durch unmittelbare Überzeugung. Man glaubt, daß man die Gedankenbestimmungen Sein usw. von dem Wahrnehmungsstoffe nicht beweisen zu müssen glaubt, sondern daß man sie in ungetrennter Einheit mit dem Inhalte besitzt.

Das ist aber beim Typus wirklich der Fall. Daher kann er kein Mittel des Beweises liefern, sondern bloß die Möglichkeit an die Hand geben, jede besondere Form aus sich zu entwickeln. Unser Geist muß demnach in dem Erfassen des Typus viel intensiver wirken als beim Erfassen des Naturgesetzes. Er muß mit der Form den Inhalt erzeugen. Er muß eine Tätigkeit auf sich nehmen, die in der unorganischen Naturwissenschaft die Sinne besorgen und die wir Anschauung nennen. Auf dieser höheren Stufe muß also der Geist selbst anschauend sein. Unsere Urteilskraft muß *denkend anschauen* und *anschauend denken.* Wir haben es hier, wie Goethe zum erstenmal auseinandergesetzt, mit einer anschauenden Urteilskraft zu tun. Goethe hat hiermit im menschlichen Geiste *das* als notwendige Auffassungsform nachgewiesen, wovon Kant bewiesen haben wollte, daß es dem Menschen seiner ganzen Anlage nach nicht zukomme.

Vertritt der Typus in der organischen Natur das Naturgesetz (Urphänomen) der unorganischen, so vertritt die Intuition (anschauende Urteilskraft) die beweisende (reflektierende) Urteilskraft. Wie man geglaubt hat, dieselben Gesetze auf die organische Natur anwenden zu können, die für eine niedere Erkenntnisstufe maßgebend sind, so vermeinte man auch, dieselbe Methode gelte hier wie dort. Beides ist ein Irrtum.

Man hat die Intuition oft sehr geringschätzend in der Wissenschaft behandelt. Man hat es für einen Mangel des Goetheschen Geistes angesehen, daß er mit der Intuition wissenschaftliche Wahrheiten erreichen wollte. Was auf intuitivem Wege erreicht wird, halten viele zwar für sehr wichtig, wenn es sich um eine wissenschaftliche *Entdeckung* handelt. Da, sagt man, führt ein

Einfall oft weiter als methodisch geschultes Denken. Denn man nennt es ja häufig Intuition, wenn jemand durch Zufall ein Richtiges getroffen, von dessen Wahrheit sich der Forscher erst auf Umwegen überzeugt. Stets wird aber geleugnet, daß die Intuition selbst ein Prinzip der Wissenschaft sein könne. Was der Intuition beigefallen, müsse nachträglich erst erwiesen werden – so denkt man –, wenn es wissenschaftlichen Wert haben soll.

So hat man auch Goethes wissenschaftliche Errungenschaften für geistreiche Einfälle gehalten, die erst nachher durch die strenge Wissenschaft ihre Beglaubigung erhalten haben.

Für die organische Wissenschaft ist aber die Intuition die richtige Methode. Aus unseren Ausführungen geht, denken wir, ganz deutlich hervor, daß Goethes Geist gerade deshalb, weil er auf Intuition angelegt war, im Organischen den rechten Weg gefunden hat. Die der Organik eigene Methode fiel zusammen mit der Konstitution seines Geistes. Dadurch wurde ihm nur um so klarer, inwiefern sie sich von der unorganischen Naturwissenschaft unterscheidet. Das eine wurde ihm am andern klar. Er zeichnete daher auch mit scharfen Strichen das Wesen des Unorganischen.

Zu der geringschätzenden Art, mit der man die Intuition behandelt, trägt nicht wenig bei, daß man ihren Errungenschaften nicht jenen Grad von Glaubwürdigkeit beilegen zu können meint wie den der beweisenden Wissenschaften. Man nennt oft allein, was man bewiesen hat, *Wissen,* alles übrige *Glaube.*

Man muß bedenken, daß die Intuition etwas ganz anderes bedeutet innerhalb *unserer* wissenschaftlichen Richtung, die davon überzeugt ist, daß wir im Denken den Kern der Welt wesenhaft erfassen, und jener, die den letzteren in ein uns unerforschbares Jenseits verlegt. Wer in der uns vorliegenden Welt, soweit wir sie entweder erfahren oder mit unserem Denken durchdringen, nichts weiter sieht als einen Abglanz, ein Bild von einem Jenseitigen, einem Unbekannten, Wirkenden, das hinter dieser Hülle nicht nur für den *ersten Blick,* sondern aller wissenschaftlichen

Forschung zum Trotz verborgen bleibt, der kann allerdings nur in der beweisenden Methode einen Ersatz für die mangelnde Einsicht in das *Wesen* der Dinge erblicken. Da er nicht bis zu der Ansicht durchdringt, daß eine Gedankenverbindung unmittelbar durch den im Gedanken gegebenen *wesenhaften* Inhalt, also durch die Sache selbst zustande kommt, so glaubt er sie nur dadurch stützen zu können, daß sie mit einigen Grundüberzeugungen (Axiomen) im Einklange steht, die so einfach sind, daß sie eines Beweises weder fähig sind, noch eines solchen bedürfen. Wird ihm dann eine wissenschaftliche Behauptung ohne Beweis gegeben, ja eine solche, die ihrer ganzen Natur nach die beweisende Methode ausschließt, dann erscheint sie ihm als von außen aufgedrängt; es tritt eine Wahrheit an ihn heran, ohne daß er erkennt, welches die Gründe ihrer Gültigkeit sind. Er glaubt nicht ein Wissen, nicht eine *Einsicht* in die Sache zu haben, er glaubt, er könne sich nur einem *Glauben* hingeben, daß *außerhalb seines Denkvermögens* irgendwelche Gründe für ihre Gültigkeit bestehen.

Unsere Weltansicht ist der Gefahr nicht ausgesetzt, daß sie die Grenzen der beweisenden Methode zugleich als die Grenzen wissenschaftlicher Überzeugung ansehen muß. Sie hat uns zu der Ansicht geführt, daß der Kern der Welt in unser Denken einfließt, daß wir nicht nur *über* das Wesen der Welt denken, sondern daß das Denken ein Zusammengehen mit dem Wesen der Wirklichkeit ist. Uns wird mit der Intuition nicht eine Wahrheit von außen aufgedrängt, weil es für unseren Standpunkt ein Außen und Innen in jener Weise, wie es die von uns eben gekennzeichnete, der unserigen entgegengesetzte wissenschaftliche Richtung annimmt, *nicht* gibt. Für uns ist die Intuition ein unmittelbares Innesein, ein Eindringen in die Wahrheit, die uns alles gibt, was überhaupt in Ansehung ihrer in Betracht kommt. Sie geht ganz in dem auf, was uns in unserem intuitiven Urteile gegeben ist. Das Charakteristische, auf das es beim *Glauben* ankommt, daß uns nur die fertige Wahrheit gegeben ist und nicht die Gründe, und daß uns der durchdringende Einblick in die in Betracht kommende Sache abgeht, fehlt hier gänzlich. Die auf dem Wege der Intuition gewonnene Einsicht ist gerade so *wissenschaftlich* wie die bewiesene.

Jeder Einzelorganismus ist die Ausgestaltung des Typus in einer besonderen Form. Er ist eine Individualität, die sich aus einem Zentrum heraus selbst regelt und bestimmt. Er ist eine in sich geschlossene Ganzheit, was in der unorganischen Natur erst der *Kosmos* ist.

Das Ideal der unorganischen Wissenschaft ist: die Totalität aller Erscheinungen als einheitliches System zu erfassen, damit wir jeder Einzelerscheinung mit dem Bewußtsein gegenübertreten: wir erkennen sie als Glied des Kosmos. In der organischen Wissenschaft muß dagegen Ideal sein, in dem Typus und seinen Erscheinungsformen dasjenige in möglichster Vollkommenheit zu haben, was wir in der Reihe der Einzelwesen sich *entwickeln* sehen. Die Hindurchführung des Typus durch alle Erscheinungen ist hier das Maßgebende. In der unorganischen Wissenschaft besteht das *System,* in der Organik die *Vergleichung* (jeder einzelnen Form mit dem Typus).

Die Spektralanalyse und die Vervollkommnung der Astronomie dehnen die auf dem beschränkten Gebiete des Irdischen gewonnenen Wahrheiten auf das Weltganze aus. Damit nähern sie sich dem ersten Ideal. Das zweite wird erfüllt werden, wenn *die von Goethe angewendete vergleichende Methode* in ihrer Tragweite erkannt wird.

F. DIE GEISTESWISSENSCHAFTEN

17. EINLEITUNG: GEIST UND NATUR

Das Gebiet des Naturerkennens haben wir erschöpft. Die Organik ist die höchste Form der Naturwissenschaft. Was noch darüber ist, sind die Geisteswissenschaften. Diese fordern ein wesentlich anderes Verhalten des Menschengeistes zum Objekte als die Naturwissenschaften. Bei den letzteren hatte der Geist eine universelle Rolle zu spielen. Es fiel ihm sozusagen die Aufgabe zu, den Weltprozeß selbst zum Abschlusse zu bringen. Was ohne den Geist da war, war nur die Hälfte der Wirklichkeit, war unvollendet, in jedem Punkte Stückwerk. Der Geist hat da die innersten Triebfedern der Wirklichkeit, die zwar auch ohne seine subjektive Einmischung Geltung hätten, zum Erscheinungsdasein zu rufen. Wäre der Mensch ein bloßes Sinnenwesen, ohne geistige Auffassung, so wäre die unorganische Natur wohl nicht minder von Naturgesetzen abhängig, aber sie träten nie als solche ins Dasein ein. Es gäbe zwar Wesen, welche das Bewirkte (die Sinnenwelt), nicht aber das Wirkende (die innere Gesetzlichkeit) wahrnehmen. Es ist wirklich die echte, und zwar die wahrste Gestalt der Natur, welche im Menschengeiste zur Erscheinung kommt, während für ein bloßes Sinnenwesen nur ihre Außenseite da ist. Die Wissenschaft hat hier eine weltbedeutsame Rolle. Sie ist der Abschluß des Schöpfungswerkes. Es ist die Auseinandersetzung der Natur mit sich selbst, die sich im Bewußtsein des Menschen abspielt. Das Denken ist das letzte Glied in der Reihenfolge der Prozesse, die die Natur bilden.

Nicht so ist es bei der Geisteswissenschaft. Hier hat es unser Bewußtsein mit geistigem Inhalte selbst zu tun: mit dem einzelnen Menschengeist, mit den Schöpfungen der Kultur, der Literatur, mit den aufeinanderfolgenden wissenschaftlichen

Überzeugungen, mit den Schöpfungen der Kunst. Geistiges wird durch den Geist erfaßt. Die Wirklichkeit hat hier schon das Ideelle, die Gesetzmäßigkeit in sich, die sonst erst in der geistigen Auffassung hervortritt. Was bei den Naturwissenschaften erst Produkt des Nachdenkens über die Gegenstände ist, das ist hier denselben eingeboren. Die Wissenschaft spielt eine andere Rolle. Das *Wesen* wäre auch schon im Objekte ohne ihre Arbeit da. Es sind menschliche Taten, Schöpfungen, Ideen, mit denen wir es zu tun haben. Es ist eine Auseinandersetzung des Menschen mit sich selbst und seinem Geschlechte. Die Wissenschaft hat hier eine andere Sendung zu erfüllen als der Natur gegenüber.

Wieder tritt diese Sendung zuerst als menschliches Bedürfnis auf. So wie die Notwendigkeit, zur Naturwirklichkeit die Naturidee zu finden, zuerst als Bedürfnis unseres Geistes auftritt, so ist auch die Aufgabe der Geisteswissenschaften zuerst als menschlicher Drang da. Wieder ist es nur eine objektive Tatsache, die sich als subjektives Bedürfnis kundgibt.

Der Mensch soll nicht wie das Wesen der unorganischen Natur auf ein anderes Wesen nach äußeren Normen, nach einer ihn *beherrschenden* Gesetzlichkeit wirken, er soll auch nicht bloß die Einzelform eines allgemeinen Typus sein, sondern er soll sich den Zweck, das Ziel seines Daseins, seiner Tätigkeit selbst vorsetzen. Wenn seine Handlungen die Ergebnisse von Gesetzen sind, so müssen diese Gesetze solche sein, die er sich selbst gibt. Was er an sich selbst, was er unter seinesgleichen, in Staat und Geschichte ist, das darf er nicht durch äußerliche Bestimmung sein. *Er muß es durch sich selbst sein.* Wie er sich in das Gefüge der Welt einfügt, hängt von ihm ab. Er muß den Punkt finden, um an dem Getriebe der Welt teilzunehmen. Hier erhalten die Geisteswissenschaften ihre Aufgabe. Der Mensch muß die Geisteswelt kennen, um nach dieser Erkenntnis seinen Anteil an derselben zu bestimmen. Da entspringt die Sendung, die Psychologie, Volkskunde und Geschichtswissenschaft zu erfüllen haben.

Das ist das Wesen der *Natur,* daß Gesetz und Tätigkeit auseinanderfallen, diese von jenem beherrscht erscheint; das hingegen ist das Wesen der *Freiheit,* daß beide zusammenfallen, daß sich das Wirkende in der Wirkung unmittelbar darlebt und daß das Bewirkte sich selbst regelt.

Die Geisteswissenschaften sind im eminenten Sinne daher Freiheitswissenschaften. Die Idee der Freiheit muß ihr Mittelpunkt, die sie beherrschende Idee sein. Deshalb stehen Schillers ästhetische Briefe so hoch, weil sie das Wesen der Schönheit in der Idee der Freiheit finden wollen, weil die Freiheit das Prinzip ist, das sie durchdringt.

Der Geist nimmt nur jene Stelle in der Allgemeinheit, im Weltganzen ein, die er sich als individueller gibt. Während in der Organik stets das Allgemeine, die Typusidee im Auge behalten werden muß, ist in den Geisteswissenschaften die Idee der Persönlichkeit festzuhalten. Nicht die Idee, wie sie sich in der Allgemeinheit (Typus) darlebt, sondern wie sie im Einzelwesen (Individuum) auftritt, ist es, worauf es ankommt. Natürlich ist nicht die zufällige Einzelpersönlichkeit, nicht diese oder jene Persönlichkeit maßgebend, sondern die *Persönlichkeit überhaupt;* aber diese nicht aus sich heraus zu besonderen Gestalten sich entwickelnd und erst so zum sinnenfälligen Dasein kommend, sondern in sich selbst genug, in sich abgeschlossen, in sich ihre Bestimmung findend.

Der Typus hat die Bestimmung, sich im Individuum erst zu realisieren. Die Person hat diese, bereits als Ideelles wirklich auf sich selbst ruhendes Dasein zu gewinnen. Es ist etwas ganz anderes, wenn man von einer allgemeinen Menschheit spricht, als von einer allgemeinen Naturgesetzlichkeit. Bei letzterer ist das Besondere durch das Allgemeine bedingt; bei der Idee der Menschheit ist es die Allgemeinheit durch das Besondere. Wenn es uns gelingt, der Geschichte allgemeine Gesetze abzulauschen, so sind diese nur insofern solche, als sie sich von den historischen Persönlichkeiten als Ziele, Ideale vorgesetzt wurden. Das ist der innere Gegensatz von Natur und Geist. Die erste fordert eine Wissenschaft, welche von dem unmittelbar Gegebenen, als dem *Bedingten,* zu dem im Geiste Erfaßbaren, als dem *Bedingenden,* aufsteigt; der letzte eine solche, welche von dem Gegebenen, als dem *Bedingenden,* zu dem *Bedingten* fortschreitet. Daß das *Besondere* zugleich das Gesetzgebende ist, charakterisiert die Geisteswissenschaften; daß dem Allgemeinen diese Rolle zufällt, die Naturwissenschaften.

Was uns in der Naturwissenschaft nur als Durchgangspunkt wertvoll ist, das Besondere, das interessiert uns in den Geisteswissenschaften allein. Was wir in jener suchen, das *Allgemeine,* kommt hier nur insofern in Betracht, als es uns über das *Besondere* aufklärt.

Es wäre gegen den Geist der Wissenschaft, wenn man der Natur gegenüber bei der Unmittelbarkeit des Besonderen stehen bliebe. Geradezu geisttötend wäre es aber auch, wenn man z. B. die griechische Geschichte in einem allgemeinen Begriffsschema umfassen wollte. Dort würde der an der Erscheinung haftende Sinn keine Wissenschaft erringen; hier würde der nach einer allgemeinen Schablone vorgehende Geist allen Sinn für das Individuelle verlieren.

18. PSYCHOLOGISCHES ERKENNEN

Die erste Wissenschaft, in der es der Geist mit sich selbst zu tun hat, ist die Psychologie. Der Geist steht sich betrachtend selbst gegenüber.

Fichte sprach dem Menschen nur insofern eine Existenz zu, als er sie selbst in sich setzt. Mit andern Worten: die menschliche Persönlichkeit hat nur jene Merkmale, Eigenschaften, Fähigkeiten usw., die sie sich vermöge der Einsicht in ihr Wesen selbst zuschreibt. Eine menschliche Fähigkeit, von der der Mensch nichts wüßte, erkennte er nicht als die seinige an, er legte sie einem ihm Fremden bei. Wenn Fichte vermeinte, auf diese Wahrheit die ganze Wissenschaft des Universums begründen zu können, so war das ein Irrtum. Sie ist dazu bestimmt, das oberste Prinzip der Psychologie zu werden. Sie bestimmt die Methode derselben. Wenn der Geist eine Eigenschaft nur insofern besitzt, als er sich sie selbst beilegt, so ist die psychologische Methode das Vertiefen des Geistes in seine eigene Tätigkeit. Selbsterfassung ist also hier die Methode.

Es ist natürlich, daß wir hiermit die Psychologie nicht darauf beschränken, eine Wissenschaft von den zufälligen Eigenschaften irgend eines (dieses oder jenes) menschlichen Individuums zu sein. Wir lösen den Einzelgeist von seinen zufälligen Beschränkungen, von seinen nebensächlichen Merkmalen ab und suchen uns zu der Betrachtung des menschlichen Individuums überhaupt zu erheben.

Das ist ja nicht das Maßgebende, daß wir die ganz zufällige Einzelindividualität betrachten, sondern daß wir uns über das sich aus sich selbst bestimmende Individuum überhaupt klar werden. Wer da sagen wollte, da hätten wir ja auch mit nichts weiter als mit dem Typus der Menschheit zu tun, verwechselt den Typus mit dem generalisierten Begriff. Dem Typus ist es wesentlich, daß er als allgemeiner seinen Einzelformen gegenübersteht. Nicht so dem Begriff des menschlichen Individuums. Hier ist das Allgemeine unmittelbar im Einzelwesen tätig, nur daß sich diese Tätigkeit in verschiedener Weise äußert, je nach den Gegenständen, auf die sie sich richtet. Der Typus lebt sich in einzelnen Formen dar und tritt in *diesen* mit der Außenwelt in Wechselwirkung. Der Menschengeist hat nur eine Form. Hier aber bewegen jene Gegenstände sein Fühlen, dort begeistert ihn dieses Ideal zu Handlungen usw. Es ist nicht eine besondere Form des Menschengeistes; es ist immer der ganze, volle Mensch, mit dem man es zu tun hat. Diesen muß man aus seiner Umgebung loslösen, wenn man ihn erfassen will. Will man zum Typus gelangen, dann muß man von der Einzelform zur

Urform aufsteigen; will man zum Geiste gelangen, muß man von den Äußerungen, durch die er sich kundgibt, von den speziellen Taten, die er vollbringt, absehen und ihn an und für sich betrachten. Man muß ihn belauschen, wie er überhaupt handelt, nicht wie er in dieser oder jener Lage gehandelt hat. Im Typus muß man die allgemeine Form durch Vergleichung von den einzelnen loslösen; in der Psychologie muß man die Einzelform bloß von ihrer Umgebung loslösen.

Es ist da nicht mehr so wie in der Organik, daß wir in dem besonderen Wesen eine Gestaltung des Allgemeinen, der Urform erkennen, sondern die Wahrnehmung des Besonderen als diese Urform selbst. Nicht *eine* Ausgestaltung ihrer Idee ist das menschliche Geisteswesen, sondern *die* Ausgestaltung derselben. Wenn Jacobi glaubt, daß wir mit der Wahrnehmung unseres Innern zugleich die Überzeugung davon gewinnen, daß demselben ein einheitliches Wesen zugrunde liege (intuitive Selbsterfassung), so ist der Gedanke deswegen ein verfehlter, weil wir ja dieses einheitliche Wesen selbst wahrnehmen. Was sonst Intuition ist, wird hier Selbstbetrachtung. Das ist bei der höchsten Form des Daseins sachlich auch notwendig. Das, was der Geist aus den Erscheinungen herauslesen kann, ist die höchste Form des Inhaltes, den er überhaupt gewinnen kann. Reflektiert er dann auf sich selbst, so muß er sich als die unmittelbare Manifestation dieser höchsten Form, als den Träger derselben selbst erkennen. Was der Geist als Einheit in der vielgestaltigen Wirklichkeit findet, das muß er in seiner Einzelheit als unmittelbares Dasein finden. Was er der Besonderheit als Allgemeines gegenübersteht, das muß er seinem Individuum als dessen Wesen selbst zuerkennen.

Man ersieht aus alledem, daß man eine wahrhafte Psychologie nur gewinnen kann, wenn man auf die Beschaffenheit des Geistes als eines Tätigen eingeht. Man hat in unserer Zeit an die Stelle dieser Methode eine andere setzen wollen, welche die Erscheinungen, in denen sich der Geist darlebt, nicht *diesen selbst,* zum

Gegenstande der Psychologie macht. Man glaubt die einzelnen Äußerungen desselben ebenso in einen äußerlichen Zusammenhang bringen zu können, wie das bei den unorganischen Naturtatsachen geschieht. So will man eine «Seelenlehre ohne Seele» begründen. Aus unseren Betrachtungen ergibt sich, daß man bei dieser Methode gerade das aus dem Auge verliert, auf das es ankommt. Man sollte den Geist von seinen Äußerungen loslösen und auf ihn als den Produzenten derselben zurückgehen. Man beschränkt sich auf die ersteren und vergißt auf den letzteren. Man hat sich eben auch hier zu jenem falschen Standpunkt verleiten lassen, der die Methoden der Mechanik, Physik usw. auf alle Wissenschaften anwenden will.

Die einheitliche Seele ist uns ebenso erfahrungsgemäß gegeben, wie ihre einzelnen Handlungen. Jedermann ist sich dessen bewußt, daß sein Denken, Fühlen und Wollen von seinem «Ich» ausgeht. Jede Tätigkeit unserer Persönlichkeit ist mit diesem Zentrum unseres Wesens verbunden. Sieht man bei einer Handlung von dieser Verbindung mit der Persönlichkeit ab, dann hört sie überhaupt auf, eine Seelenerscheinung zu sein. Sie fällt entweder unter den Begriff der unorganischen oder der organischen Natur. Liegen zwei Kugeln auf dem Tische, und ich stoße die eine an die andere, so löst sich alles, wenn man von meiner Absicht und meinem Wollen absieht, in physikalisches oder physiologisches Geschehen auf. Bei allen Manifestationen des Geistes: Denken, Fühlen, Wollen, kommt es darauf an, sie in ihrer Wesenheit als Äußerungen der Persönlichkeit zu erkennen. Darauf beruht die Psychologie.

Der Mensch gehört aber nicht nur sich, er gehört auch der Gesellschaft an. Was sich in ihm darlebt, ist nicht bloß seine Individualität, sondern zugleich jene des Volksverbandes, dem er angehört. Was er vollbringt, geht ebenso wie aus der seinen, zugleich aus der Vollkraft seines Volkes hervor. Er erfüllt mit seiner Sendung einen Teil von der seiner Volksgenossenschaft.

Es kommt darauf an, daß sein Platz innerhalb seines Volkes ein solcher ist, daß er die Macht seiner Individualität voll zur Geltung bringen kann. Das ist nur möglich, wenn der Volksorganismus ein derartiger ist, daß der einzelne den Ort finden kann, wo er seinen Hebel anzusetzen vermag. Es darf nicht dem Zufall überlassen bleiben, ob er diesen Platz findet.

Die Weise zu erforschen, wie sich die Individualität innerhalb der Volksgemeinde darlebt, ist Sache der Volkskunde und der Staatswissenschaft. Die Volksindividualität ist der Gegenstand dieser Wissenschaft. Diese hat zu zeigen, welche Form der staatliche Organismus anzunehmen hat, wenn die Volksindividualität in demselben zum Ausdrucke kommen soll. Die Verfassung, die sich ein Volk gibt, muß aus seinem innersten Wesen heraus entwickelt werden. Auch hier sind nicht geringe Irrtümer im Umlauf. Man hält die Staatswissenschaft nicht für eine Erfahrungswissenschaft. Man glaubt die Verfassung aller Völker nach einer gewissen Schablone einrichten zu können.

Die Verfassung eines Volkes ist aber nichts anderes, als sein individueller Charakter in festbestimmte Gesetzesformen gebracht. Wer die Richtung vorzeichnen will, in der sich eine bestimmte Tätigkeit eines Volkes zu bewegen hat, darf diesem nichts Äußerliches aufdrängen: er muß einfach aussprechen, was im Volkscharakter unbewußt liegt. «Der Verständige regiert nicht, aber der Verstand; nicht der Vernünftige, sondern die Vernunft», sagt Goethe.

Die Volksindividualität als vernünftige zu begreifen, ist die Methode der Volkskunde. Der Mensch gehört einem Ganzen an, dessen Natur die Vernunftorganisation ist. Wir können auch hier wieder ein bedeutsames Wort Goethes anführen: «Die vernünftige Welt ist als ein großes unsterbliches Individuum zu betrachten, das unaufhaltsam das Notwendige bewirkt und dadurch sich sogar über das Zufällige zum Herrn macht.» – Wie die Psychologie das Wesen des Einzelindividuums, so hat die Volkskunde (Völkerpsychologie) jenes «unsterbliche Individuum» zu erforschen.

19. DIE MENSCHLICHE FREIHEIT

Unsere Ansicht von den Quellen unseres Erkennens kann nicht ohne Einfluß auf jene von unseren praktischen Handlungen sein. Der Mensch handelt ja nach gedanklichen Bestimmungen, die in ihm liegen. Was er vollbringt, richtet sich nach Absichten, Zielen, die er sich vorsetzt. Es ist aber ganz selbstverständlich, daß diese Ziele, Absichten, Ideale usw. denselben Charakter tragen werden, wie die übrige Gedankenwelt des Menschen. Und so wird es eine praktische Wahrheit der dogmatischen Wissenschaft geben, die einen wesentlich anderen Charakter hat als jene, die sich als die Konsequenz unserer Erkenntnistheorie ergibt. Sind die Wahrheiten, zu denen der Mensch in der Wissenschaft gelangt, von einer sachlichen Notwendigkeit bedingt, die ihren Sitz außer dem Denken hat, so werden es auch die Ideale sein, die er seinem Handeln zugrunde legt. Der Mensch handelt dann nach Gesetzen, deren Begründung in sachlicher Hinsicht ihm fehlt: er denkt sich eine Norm, die von außen seinem Handeln vorgeschrieben ist. Dies aber ist der Charakter des *Gebotes,* das der Mensch zu beobachten hat. Das Dogma als praktische Wahrheit ist Sittengebot.

Ganz anders ist es mit Zugrundelegung unserer Erkenntnistheorie. Diese erkennt keinen anderen Grund der Wahrheiten, als den in ihnen liegenden Gedankeninhalt. Wenn daher ein sittliches Ideal zustande kommt, so ist es die innere Kraft, die im Inhalte desselben liegt, die unser Handeln lenkt. Nicht weil uns ein Ideal als Gesetz gegeben ist, handeln wir nach demselben, sondern weil das Ideal vermöge seines Inhaltes in uns tätig ist, uns leitet. Der Antrieb zum Handeln liegt nicht außer, sondern *in* uns. Dem Pflichtgebot fühlten wir uns untergeben, wir mußten in einer bestimmten Weise handeln, weil es so befiehlt. Da kommt zuerst das Sollen und dann das Wollen, das sich jenem zu fügen hat. Nach unserer Ansicht ist das nicht der Fall. Das Wollen ist souverän. Es vollführt nur, was als Gedankeninhalt in der menschlichen

Persönlichkeit liegt. Der Mensch läßt sich nicht von einer äußeren Macht Gesetze geben, er ist sein eigener Gesetzgeber.

Wer sollte sie ihm, nach unserer Weltansicht, auch geben? Der Weltengrund hat sich in die Welt vollständig ausgegossen; er hat sich nicht von der Welt zurückgezogen, um sie von außen zu lenken, er treibt sie von innen; er hat sich ihr nicht vorenthalten. Die höchste Form, in der er innerhalb der Wirklichkeit des gewöhnlichen Lebens auftritt, ist das Denken und mit demselben die menschliche Persönlichkeit. Hat somit der Weltengrund Ziele, so sind sie identisch mit den Zielen, die sich der Mensch setzt, indem er sich darlebt. Nicht indem der Mensch irgend welchen Geboten des Weltenlenkers nachforscht, handelt er nach dessen Absichten, sondern indem er nach seinen eigenen Einsichten handelt. Denn in ihnen lebt sich jener Weltenlenker dar. Er lebt nicht als Wille irgendwo außerhalb des Menschen; er hat sich jedes Eigenwillens begeben, um alles von des Menschen Willen abhängig zu machen. Auf daß der Mensch sein eigener Gesetzgeber sein könne, müssen alle Gedanken auf außermenschliche Weltbestimmungen u. dgl. aufgegeben werden.

Wir machen bei dieser Gelegenheit auf die ganz vortreffliche Abhandlung Kreyenbühls in den Philosoph. Monatsheften 18. Bd. 3. Heft aufmerksam. Dieselbe führt in richtiger Weise aus, wie die Maximen unseres Handelns durchaus aus unmittelbaren Bestimmungen unseres Individuums erfolgen; wie alles ethisch Große nicht durch die Macht des Sittengesetzes eingegeben, sondern auf den unmittelbaren Drang einer individuellen Idee hin vollführt werde.

Nur bei dieser Ansicht ist eine wahre Freiheit des Menschen möglich. Wenn der Mensch nicht *in sich* die Gründe seines Handelns trägt, sondern sich nach Geboten richten muß, so handelt er unter einem Zwange, er steht unter einer Notwendigkeit, fast wie ein bloßes Naturwesen.

Unsere Philosophie ist daher im eminenten Sinne Freiheitsphilosophie. Sie zeigt erst theoretisch, wie alle Kräfte usw. wegfallen müssen, die die Welt von außen lenkten, um dann den Menschen zu seinem eigenen Herrn im allerbesten Sinne des Wortes zu machen. Wenn der Mensch sittlich handelt, so ist das für uns nicht Pflichterfüllung, sondern die Äußerung seiner völlig freien Natur. Der Mensch handelt nicht, weil er soll, sondern, weil er will. Diese Ansicht hatte auch Goethe im Auge, als er sagte: «Lessing, der mancherlei Beschränkung unwillig fühlte, läßt eine seiner Personen sagen: Niemand muß müssen. Ein geistreicher, frohgesinnter Mann sagte: Wer will, der muß. Ein dritter, freilich ein Gebildeter, fügte hinzu: *Wer einsieht, der will auch.*» Es gibt also keinen Antrieb für unser Handeln als unsere Einsicht. Ohne daß irgend welcher Zwang hinzutrete, handelt der freie Mensch nach seiner Einsicht, *nach Geboten, die er sich selbst gibt.*

Um diese Wahrheiten drehte sich die bekannte Kontroverse Kant-Schillers. Kant stand auf dem Standpunkte des Pflichtgebotes. Er glaubte das Sittengesetz herabzuwürdigen, wenn er es von der menschlichen Subjektivität abhängig machte. Nach seiner Ansicht handelt der Mensch nur sittlich, wenn er sich aller subjektiven Antriebe beim Handeln entäußert und sich rein der Majestät der Pflicht beugt. Schiller sah in dieser Ansicht eine Herabwürdigung der Menschennatur. Sollte denn dieselbe wirklich so schlecht sein, daß sie ihre eigenen Antriebe so durchaus beseitigen müsse, wenn sie moralisch sein will! Schillers und Goethes Weltanschauung kann sich nur zu der von uns angegebenen Ansicht bekennen. In dem Menschen selbst ist der Ausgangspunkt seines Handelns zu suchen.

Deshalb darf auch in der Geschichte, deren Gegenstand ja der Mensch ist, nicht von äußeren Einflüssen seines Handelns, von Ideen, die in der Zeit liegen usw. gesprochen werden; am wenigsten von einem Plane, der ihr zugrunde liege. Die Geschichte ist nichts anderes, denn die Entwicklung menschlicher Handlungen, Ansichten usw. «Zu allen Zeiten sind es nur die Individuen, welche für die Wissenschaft gewirkt, nicht das Zeitalter. Das Zeitalter war's, das den Sokrates durch Gift hinrichtete; das Zeitalter, das Hus verbrannte; *die Zeitalter sind sich immer gleich geblieben»,* sagt Goethe. Alles apriorische Konstruieren von Plänen, die der Geschichte zugrunde liegen sollen, ist gegen die *historische Methode,* wie sie sich aus dem Wesen der Geschichte ergibt. Diese zielt darauf ab, gewahr zu werden, was die Menschen zum Fortschritt ihres Geschlechtes beigetragen; zu erfahren, welche Ziele sich diese oder jene Persönlichkeit gesetzt, welche Richtung sie ihrer Zeit gegeben. Die Geschichte ist durchaus auf die Menschennatur zu begründen. *Ihr* Wollen, *ihre* Tendenzen sind zu begreifen. Unsere Erkenntniswissenschaft schließt es völlig aus, daß man der Geschichte einen Zweck unterschiebe, wie etwa, daß die Menschen von einer niederen Stufe der Vollkommenheit zu einer höheren erzogen werden u. dgl. Ebenso erscheint es unserer Ansicht gegenüber als irrtümlich, wenn man, wie dies Herder in den «Ideen zu einer Philosophie der Geschichte der Menschheit» tut, die historischen Ereignisse wie die Naturtatsachen nach der Abfolge von Ursache und Wirkung abfassen will. Die Gesetze der Geschichte sind eben viel höherer Natur. Ein Faktum der Physik wird von einem anderen so bestimmt, daß das Gesetz *über* den Erscheinungen steht. Eine historische Tatsache wird als Ideelles von einem Ideellen bestimmt. Da kann von Ursache und Wirkung doch nur die Rede sein, wenn man ganz an der Äußerlichkeit hängt. Wer könnte glauben, daß er die Sache wiedergibt, wenn er Luther die Ursache der Reformation nennt. Die Geschichte ist wesentlich eine Idealwissenschaft. Ihre Wirklichkeit sind schon Ideen. Daher ist die Hingabe an das Objekt die einzig richtige Methode. Jedes Hinausgehen über dasselbe ist unhistorisch.

Psychologie, Volkskunde und Geschichte sind die hauptsächlichsten Formen der Geisteswissenschaft. Ihre Methoden sind, wie wir gesehen haben, auf die unmittelbare Erfassung der ideellen Wirklichkeit gegründet. Ihr Gegenstand ist die *Idee,* das Geistige, wie jener der unorganischen Wissenschaft das Naturgesetz, der Organik der Typus war.

20. OPTIMISMUS UND PESSIMISMUS

Der Mensch hat sich uns als der Mittelpunkt der Weltordnung erwiesen. Er erreicht als Geist die höchste Form des Daseins und vollbringt im Denken den vollkommensten Weltprozeß. Nur wie er die Sachen beleuchtet, so sind sie wirklich. Das ist eine Ansicht, der zufolge der Mensch die Stütze, das Ziel und den Kern seines Daseins in sich selbst hat. Sie macht den Menschen zu einem sich selbst genugsamen Wesen. Er muß in sich den Halt finden für alles, was an ihm ist. Also auch für seine Glückseligkeit. Soll ihm die letztere werden, so kann er sich sie nur selbst verdanken. Jede Macht, die sie ihm von außen spendete, verdammte ihn damit zur Unfreiheit. Es kann dem Menschen nicht [etwas] Befriedigung gewähren, dem diese Fähigkeit nicht zuerst von ihm verliehen wurde. Soll etwas für uns eine Lust bedeuten, so müssen wir ihm erst jene Macht, durch die es solches kann, selbst verleihen. Lust und Unlust sind für den Menschen im höheren Sinne nur da, insofern er sie als solche empfindet. Damit fällt aller Optimismus und aller Pessimismus in sich zusammen. Jener nimmt an, die Welt sei so, daß in ihr alles gut sei, daß sie den Menschen zur höchsten Zufriedenheit führe. Soll das aber sein, dann muß er ihren Gegenständen selbst irgend etwas abgewinnen, wonach er verlangt, d.h. er kann nicht durch die Welt, sondern nur durch sich glücklich werden.

Der Pessimismus hinwiederum glaubt, die Einrichtung der Welt sei eine solche, daß sie den Menschen ewig unbefriedigt lasse, daß er nie glücklich sein könne. Der obige Einwand gilt natürlich auch hier. Die äußere Welt ist an sich weder gut noch schlecht, sie wird es erst durch den Menschen. Der Mensch müßte sich selbst unglücklich machen, wenn der Pessimismus begründet sein sollte. Er müßte Verlangen nach dem Unglücke tragen. Die Befriedigung seines Verlangens begründet aber gerade sein Glück. Der Pessimist müßte folgerichtig annehmen, daß der Mensch im Unglücke sein Glück sieht. Damit würde seine Ansicht aber doch wieder in nichts zerfließen. Diese einzige Erwägung zeigt deutlich genug die Irrtümlichkeit des Pessimismus.

G. ABSCHLUSS

21. ERKENNEN UND KÜNSTLERISCHES SCHAFFEN

Unsere Erkenntnistheorie hat das Erkennen des bloß passiven Charakters, den man ihm oft beilegt, entkleidet und es als *Tätigkeit* des menschlichen Geistes aufgefaßt. Gewöhnlich glaubt man, der Inhalt der Wissenschaft sei ein von außen aufgenommener; ja man meint der Wissenschaft die Objektivität in einem um so höheren Grad wahren zu können, als sich der Geist jeder eigenen Zutat zu dem aufgefaßten Stoff enthält. Unsere Ausführungen haben gezeigt, daß der wahre Inhalt der Wissenschaft überhaupt nicht der wahrgenommene äußere Stoff ist, sondern die im Geiste erfaßte Idee, welche uns tiefer in das Weltgetriebe einführt, als alles Zerlegen und Beobachten der Außenwelt als bloßer Erfahrung. Die Idee ist Inhalt der Wissenschaft. Gegenüber der passiv aufgenommenen Wahrnehmung ist die Wissenschaft somit ein Produkt der Tätigkeit des menschlichen Geistes.

Damit haben wir das Erkennen dem künstlerischen Schaffen genähert, das ja auch ein tätiges Hervorbringen des Menschen ist. Zugleich haben wir aber auch die Notwendigkeit herbeigeführt, die gegenseitige Beziehung beider klarzustellen.

Sowohl die erkennende, wie die künstlerische Tätigkeit beruhen darauf, daß der Mensch von der Wirklichkeit als Produkt sich zu ihr als Produzenten erhebt; daß er von dem Geschaffenen zum Schaffen, von der Zufälligkeit zur Notwendigkeit aufsteigt. Indem uns die äußere Wirklichkeit stets nur ein Geschöpf der schaffenden Natur zeigt, erheben wir uns im Geiste zu der Natureinheit, die uns als die Schöpferin erscheint. Jeder Gegenstand der Wirklichkeit stellt uns *eine* von den unendlichen Möglichkeiten dar, die im Schoße der schaffenden Natur verborgen liegen. Unser Geist erhebt sich zur Anschauung jenes Quelles, in dem *alle* diese Möglichkeiten enthalten sind. Wissenschaft und Kunst sind nun die Objekte, denen der Mensch einprägt, was ihm diese Anschauung bietet. In der Wissenschaft geschieht es nur in der Form der Idee, das heißt in dem unmittelbar geistigen Medium; in der Kunst in einem sinnenfällig oder geistig *wahrnehmbaren* Objekte. In der Wissenschaft erscheint die Natur als «das alles Einzelne Umfassende» rein ideell; in der Kunst erscheint ein Objekt der Außenwelt dieses Umfassende *darstellend.* Das Unendliche, das die Wissenschaft im Endlichen sucht und es in der Idee darzustellen sucht, prägt die Kunst einem aus der Seinswelt genommenen Stoffe ein. Was in der Wissenschaft als Idee erscheint, ist in der Kunst Bild. Es ist dasselbe Unendliche, das Gegenstand der Wissenschaft wie der Kunst ist, nur daß es dort anders als hier erscheint. Die Art der Darstellung ist eine verschiedene. Goethe tadelte es daher, daß man von einer Idee des Schönen spricht, als ob das Schöne nicht einfach der sinnliche Abglanz der Idee wäre.

Hier zeigt sich, wie der wahre Künstler unmittelbar aus dem Urquell alles Seins schöpfen muß, wie er seinen Werken das Notwendige einprägt, das wir ideell in Natur und Geist in der Wissenschaft suchen. Die Wissenschaft lauscht der Natur ihre Gesetzlichkeit ab; die Kunst nicht minder, nur daß sie die letztere noch dem rohen Stoffe einpflanzt. Ein Kunstprodukt ist nicht minder Natur als ein Naturprodukt, nur daß ihm die Naturgesetzlichkeit schon so eingegossen wurde, wie sie dem Menschengeist erschienen ist. Die großen Kunstwerke, die Goethe in Italien sah, erschienen ihm als der unmittelbare Abdruck des Notwendigen, das der Mensch in der Natur gewahr wird. Ihm ist daher auch die Kunst eine Manifestation geheimer Naturgesetze.

Alles kommt beim Kunstwerke darauf an, inwiefern der Künstler dem Stoffe die Idee eingepflanzt hat. Nicht *was* er behandelt, sondern *wie* er es behandelt, darauf kommt es an. Hat in der Wissenschaft der von außen wahrgenommene Stoff völlig unterzutauchen, so daß nur sein Wesen, die *Idee* zurückbleibt, so hat er in dem Kunstprodukte zu verbleiben, nur daß seine Eigentümlichkeit, seine Zufälligkeit vollkommen durch die künstlerische Behandlung zu überwinden ist. Das Objekt muß ganz aus der Sphäre des Zufälligen herausgehoben und in jene des Notwendigen versetzt werden. Es darf im Kunstschönen nichts zurückbleiben, dem nicht der Künstler *seinen* Geist aufgedrückt hätte. Das *Was* muß durch das *Wie* besiegt werden.

Überwindung der Sinnlichkeit durch den Geist ist das Ziel von Kunst und Wissenschaft. Diese überwindet die Sinnlichkeit, indem sie sie ganz in Geist auflöst; jene, indem sie ihr den Geist einpflanzt. Die Wissenschaft blickt *durch* die Sinnlichkeit auf die *Idee,* die Kunst erblickt die Idee *in* der Sinnlichkeit. Ein diese Wahrheiten in umfassender Weise ausdrückender Satz Goethes mag unsere Betrachtungen abschließen: «Ich denke, Wissenschaft könnte man die Kenntnis des Allgemeinen nennen, das abgezogene Wissen; Kunst dagegen wäre Wissenschaft zur Tat verwendet; Wissenschaft wäre Vernunft, und Kunst ihr Mechanismus, deshalb man sie auch praktische Wissenschaft nennen könnte. Und so wäre denn endlich Wissenschaft das Theorem, Kunst das Problem.»

ANMERKUNGEN ZUR NEU-AUFLAGE 1924

Zu Seite

16 *[«Diese Literatur...»:]* Die Stimmung, die hinter diesem Urteil über die Art des philosophischen Schrifttums und das Interesse, das diesem entgegengebracht wird, liegt, ist aus der Geistesverfassung des wissenschaftlichen Strebens um die Mitte der achtziger Jahre des vorigen Jahrhunderts entstanden. Seit dieser Zeit sind Erscheinungen zutage getreten, denen gegenüber dieses Urteil nicht mehr berechtigt erscheint. Man braucht nur an die blendenden Beleuchtungen zu denken, welche weite Lebensgebiete durch Nietzsches Gedanken und Empfindungen erfahren haben. Und in den Kämpfen, die sich zwischen den materialistisch denkenden Monisten und den Verteidigern einer geistgemäßen Weltanschauung abspielten und bis heute abspielen, lebt sowohl das Streben des philosophischen Denkens nach lebenerfülltem Gehalt wie auch ein weitgehendes allgemeines Interesse an den Rätselfragen des Daseins. Gedankenwege wie die aus der physikalischen Weltanschauung entsprungenen Einsteins sind fast zum Gegenstande allgemeiner Gespräche und literarischer Auslassungen geworden.

Und dennoch haben die *Motive,* aus denen damals dieses Urteil gefällt worden ist, auch heute noch Geltung. Schriebe man es heute nieder, man müßte es anders formulieren. Da es als ein nahezu altes heute wieder erscheint, ist es wohl angemessener, zu sagen, inwiefern es noch immer Geltung hat. – Goethes Weltanschauung, deren Erkenntnistheorie in der vorliegenden Schrift gezeichnet werden sollte, geht von dem Erleben des *ganzen* Menschen aus. Diesem Erleben gegenüber ist die *denkende* Weltbetrachtung nur *eine* Seite. Aus der Fülle des menschlichen Seins steigen gewissermaßen Gedankengestaltungen an die Oberfläche des Seelenlebens. Ein Teil dieser Gedankenbilder umfaßt eine Antwort auf die Frage: was ist das menschliche Erkennen? Und es fällt diese Antwort so aus, daß man sieht: das menschliche Sein wird erst zu dem, worauf es veranlagt ist, wenn es sich erkennend betätigt. Seelenleben ohne Erkenntnis wäre wie Menschenorganismus ohne Kopf; das heißt, es wäre gar nicht. Im Innenleben der Seele erwächst ein Inhalt, der wie der hungernde Organismus nach Nahrung, so nach Wahrnehmung von außen verlangt; und in der Außenwelt ist Wahrnehmungsinhalt, der sein Wesen nicht in sich trägt, sondern es erst zeigt, wenn er mit dem Seeleninhalt vereinigt wird durch den Erkenntnisvorgang. So wird der Erkenntnisvorgang ein Glied in der Gestaltung der Welt-Wirklichkeit. Der Mensch schafft an dieser Welt-Wirklichkeit mit, indem er erkennt. Und wenn eine Pflanzenwurzel nicht denkbar ist ohne die Vollendung ihrer Anlagen in der Frucht, so ist nicht etwa nur der Mensch, sondern die Welt nicht abgeschlossen, ohne daß erkannt wird. Im Erkennen schafft der Mensch nicht für sich allein etwas, sondern er schafft mit der Welt zusammen an der Offenbarung des wirklichen Seins. Was im Menschen ist, ist ideeller Schein; was in der wahrzunehmenden Welt ist, ist Sinnenschein; das erkennende Ineinanderarbeiten der beiden ist erst Wirklichkeit.

So angesehen wird Erkenntnistheorie ein Teil des Lebens. Und so muß sie angesehen werden, wenn sie an die Lebens-Weiten des Goetheschen Seelen-Erlebens angeschlossen wird. Aber an solche Lebens-Weiten knüpft auch Nietzsches Denken und Empfinden nicht an. Noch weniger dasjenige, was sonst als philosophisch gerichtete Welt- und Lebensanschauung seit der Niederschrift des in dieser Schrift als «Ausgangspunkt» bezeichneten entstanden ist. Alles dies setzt doch voraus, daß die Wirklichkeit irgendwo außer dem Erkennen vorhanden sei, und in dem Erkennen eine menschliche, abbildliche Darstellung dieser Wirklichkeit sich ergeben soll, oder auch, sich nicht ergeben kann. Daß diese Wirklichkeit durch das Erkennen nicht *gefunden* werden kann, weil sie als Wirklichkeit im Erkennen erst geschaffen wird, das wird kaum irgendwo empfunden. Die philosophisch Denkenden suchen das Leben und Sein außer dem Erkennen; Goethe steht im schaffenden Leben und Sein, indem er sich erkennend betätigt. Deshalb stehen auch die neueren Weltanschauungsversuche außerhalb der Goetheschen Ideenschöpfung. *Diese* Erkenntnistheorie möchte innerhalb derselben stehen, weil dadurch Philosophie Lebens-Inhalt und das Interesse an ihr lebensnotwendig wird.

17 *Nicht das Aufwerfen von Fragen ist die Aufgabe der Wissenschaft:* Fragen des Erkennens entstehen an der Anschauung der Außenwelt durch die menschliche Seelenorganisation. In dem Seelenimpuls der Frage liegt die Kraft, an die Anschauung so heranzudringen, daß diese mit der Seelenbetätigung zusammen die Wirklichkeit des Angeschauten zur Offenbarung bringt.

27 *Diese unsere erste Tätigkeit ... reine Erfahrung nennen:* Man sieht aus der ganzen Haltung dieser Erkenntnistheorie, daß es bei ihren Auseinandersetzungen darauf ankommt, eine Antwort auf die Frage zu gewinnen: was ist Erkenntnis? Um dieses Ziel zu erreichen, wird zunächst die Welt der sinnlichen Anschauung einerseits und die gedankliche Durchdringung andrerseits ins

Auge gefaßt. Und es wird nachgewiesen, daß im Durchdringen der beiden die wahre Wirklichkeit des Sinnenseins sich offenbart. Damit ist die Frage: «Was ist Erkennen?» dem Prinzipe nach beantwortet. Diese Antwort wird keine andere dadurch, daß die Frage ausgedehnt wird auf die Anschauung des Geistigen. Deshalb gilt, was in dieser Schrift über das Wesen der Erkenntnis gesagt wird, auch für das Erkennen der geistigen Welten, auf das sich meine später erschienenen Schriften beziehen. Die Sinnenwelt ist in ihrer Erscheinung für das menschliche Anschauen nicht Wirklichkeit. Sie hat ihre Wirklichkeit im Zusammenhange mit dem, was sich im Menschen über sie gedanklich offenbart. Die Gedanken gehören zur Wirklichkeit des Sinnlich-Angeschauten; nur daß sich, was im Sinnensein Gedanke ist, nicht draußen an diesem, sondern drinnen im Menschen zur Erscheinung bringt. Aber Gedanke und Sinneswahrnehmung sind *ein* Sein. Indem der Mensch sinnlich anschauend in der Welt auftritt, sondert er von der Wirklichkeit den Gedanken ab; dieser erscheint aber nur an einer anderen Stelle: im Seelen-Innern. Die Trennung von Wahrnehmung und Gedanke hat für die objektive Welt gar keine Bedeutung; sie tritt nur auf, weil der Mensch sich mitten in das Dasein hineinstellt. Für *ihn* entsteht dadurch der Schein, als ob Gedanke und Sinneswahrnehmung eine Zweiheit seien. Nicht anders ist es für die geistige Anschauung. Wenn diese durch die Seelenvorgänge auftritt, die ich in meiner späteren Schrift «Wie erlangt man Erkenntnisse der höheren Welten» beschrieben habe, dann bildet sie wieder die *eine* Seite des – geistigen – Seins; und die entsprechenden Gedanken vom Geistigen bilden die andere Seite. Ein Unterschied tritt nur insofern auf, als die Sinneswahrnehmung durch den Gedanken gewissermaßen *nach oben* zum Anfang des Geistigen hin in Wirklichkeit vollendet, die geistige Anschauung von diesem Anfang an nach unten hin in ihrer wahren Wesenheit erlebt wird. Daß das Erleben der Sinneswahrnehmung durch die von der Natur gebildeten Sinne, das der Anschauung des Geistigen durch die erst auf seelische Art ausgebildeten geistigen Wahrnehmungsorgane geschieht, macht nicht einen *prinzipiellen* Unterschied. In Wahrheit ist in meinen späteren Veröffentlichungen kein Verlassen der Idee des Erkennens vorhanden, die ich in dieser Schrift ausgebildet habe, sondern nur die Anwendung dieser Idee auf die geistige Erfahrung.

28 *Bezüglich des Aufsatzes «Die Natur».* Ich habe in den Schriften der «Goethe-Gesellschaft» zu zeigen versucht, daß dieser Aufsatz so entstanden ist, daß *Tobler,* der zur Zeit der Entstehung desselben

mit Goethe in Weimar verkehrt hat, Ideen, die in Goethe als von diesem anerkannte gelebt haben, nach Gesprächen mit ihm niedergeschrieben hat. Diese Niederschrift ist dann im damals nur handschriftlich verbreiteten «Tiefurter Journal» erschienen. Man findet nun in Goethes Schriften einen von diesem viel später geschriebenen Aufsatz über die frühere Veröffentlichung. Da sagt Goethe ausdrücklich, daß er sich nicht erinnere, ob der Aufsatz von ihm sei, daß er aber Ideen enthalte, die zur Zeit seiner Erscheinung die seinigen waren. In meiner Abhandlung in den Schriften der «Goethe-Gesellschaft» habe ich nachzuweisen versucht, daß diese Ideen in ihrer Fortentwicklung in die ganze Goethesche Naturanschauung eingeflossen sind. Es sind nun nachträglich Ausführungen veröffentlicht worden, die für Tobler das volle Autorrecht des Aufsatzes «Die Natur» in Anspruch nehmen. Ich möchte mich in das Streiten über diese Frage nicht mischen. Auch wenn man für Tobler die volle Originalität behauptet, so bleibt noch immer bestehen, daß in Goethe diese Ideen im Anfange der achtziger Jahre des achtzehnten Jahrhunderts gelebt haben, und zwar so, daß sie sich – auch nach seinem eigenen Bekenntnis – als der Anfang seiner umfassenden Naturanschauung erweisen. Persönlich habe ich keinen Grund, von meiner Ansicht in dieser Beziehung abzugehen, daß die Ideen in Goethe entstanden sind. Aber auch, wenn sie es nicht wären, so erlebten sie in seinem Geist ein Dasein, das unermeßlich fruchtbar geworden ist. Für den Betrachter der Goetheschen Weltanschauung sind sie nicht an sich, sondern im Verhältnisse zu dem, was aus ihnen geworden ist, von Bedeutung.

39 *Erscheinung für die Sinne:* In diesen Ausführungen liegt schon die Andeutung auf die Anschauung des Geistigen, von der meine späteren Schriften reden, im Sinne dessen, was in der obigen Anmerkung zu Seite 27 gesagt worden ist.

40 *Ganz anders verhielte es sich:* Mit dieser Ausführung ist der Anschauung des Geistigen nicht widersprochen, sondern es wird darauf hingedeutet, daß für die Sinnes-Wahrnehmung, um zu deren Wesen zu gelangen, nicht gewissermaßen durch ein Durchstoßen derselben und ein Vordringen zu einem Sein hinter ihr zu deren Wesen zu gelangen ist, sondern durch ein Zurückgehen zu dem Gedanklichen, das im Menschen sich offenbart.

88 Die Anmerkung 11 ist nun dahin zu ergänzen, daß der von mir hier hypothetisch vorausgesetzte Aufsatz später im Goethe- und Schiller-Archiv wirklich aufgefunden worden und der Weimarischen Goethe-Ausgabe eingefügt worden ist.

101 *Keiner Forschungsweise ... etwas anzufangen:* In meinen Schriften wird man in verschiedener Art über «Mystizismus» und «Mystik» gesprochen finden. Daß zwischen diesen verschiedenen Arten kein Widerspruch ist, wie man ihn hat herausphantasieren wollen, kann man jedesmal aus dem Zusammenhange ersehen. Man kann einen allgemeinen Begriff von «Mystik» bilden. Danach ist sie der Umfang dessen, was man von der Welt durch inneres, seelisches Erleben erfahren kann. Dieser Begriff ist zunächst nicht anzufechten. Denn eine solche Erfahrung gibt es. Und sie offenbart nicht nur etwas über das menschliche Innere, sondern über die Welt. Man muß Augen haben, in denen sich Vorgänge abspielen, um über das Reich der Farben etwas zu erfahren. Aber man erfährt dadurch nicht nur etwas über das Auge, sondern über die Welt. Man muß ein inneres Seelenorgan haben, um gewisse Dinge der Welt zu erfahren.

Aber man muß die volle Begriffsklarheit in die Erfahrungen des mystischen Organes bringen, wenn Erkenntnis entstehen soll. Es gibt aber Leute, die wollen in das «Innere» sich flüchten, um der Begriffsklarheit zu entfliehen. Diese nennen «Mystik», was die Erkenntnis aus dem Licht der Ideen in das Dunkel der Gefühlswelt – der nicht von Ideen erhellten Gefühlswelt – führen will. *Gegen* diese Mystik sprechen meine Schriften überall; *für* die Mystik, welche die Ideenklarheit denkerisch festhält und zu einem seelischen Wahrnehmungsorgan den mystischen Sinn macht, der in derselben Region des Menschenwesens tätig ist, wo sonst die dunklen Gefühle walten, ist jede Seite meiner Bücher geschrieben. Dieser Sinn ist für das Geistige völlig gleichzustellen dem Auge oder Ohr für das Physische.

116 *Freiheitsphilosophie:* Die Ideen dieser Philosophie sind später weiter entwickelt worden in meiner «Philosophie der Freiheit» (Philosophisch-Anthroposophischer Verlag).

118 *Psychologie, Volkskunde und Geschichte sind die hauptsächlichsten Formen der Geisteswissenschaft:* Nachdem ich nunmehr die verschiedenen Gebiete dessen, was ich «Anthroposophie» nenne, bearbeitet habe, müßte ich – schriebe ich dies Schriftchen heute – diese «Anthroposophie» hier einfügen. Vor vierzig Jahren, beim Schreiben desselben, stand mir als «Psychologie», in einem allerdings ungebräuchlichen Sinne, etwas vor Augen, das die Anschauung der gesamten «Geistes-Welt» (Pneumatologie) in sich einschloß. Daraus darf aber nicht geschlossen werden, daß ich damals diese «Geistes-Welt» von der Erkenntnis des Menschen ausschließen wollte.

HINWEISE

Zu dieser Ausgabe

Der vorliegende Band enthält die erste selbständige Buchpublikation von Rudolf Steiner, die in kühnen, knappen Ausführungen vieles seiner späteren erkenntnistheoretischen Schriften, darunter auch seine Freiheitsphilosophie, vorwegnimmt. Entstanden sind die «Grundlinien einer Erkenntnistheorie der Goetheschen Weltanschauung mit besonderer Rücksicht auf Schiller (zugleich eine Zugabe zu ‹Goethes naturwissenschaftlichen Schriften› in Kürschners Deutscher National-Litteratur)» im Zusammenhang mit Steiners Arbeit an Goethes naturwissenschaftlichen Schriften, die er, empfohlen durch Professor Karl Julius Schröer, seinen «Lehrer und väterlichen Freund», 1883–1897 für Joseph Kürschners «Deutsche National-Litteratur» in fünf Bänden herausgab und kommentierte. Das 92seitige Büchlein erschien zwischen Band I, «Bildung und Umbildung organischer Naturen. Zur Morphologie» (1883), und Band II, «Zur Naturwissenschaft im Allgemeinen. Mineralogie und Geologie. Meteorologie» (1887), im Oktober 1886 im Verlag W. Spemann, Berlin und Stuttgart, und wurde auch etliche Male rezensiert (vgl. «Beiträge zur Rudolf Steiner Gesamtausgabe» Heft 91, Dornach 1986). – Die zweite Auflage (2.–6. Tausend), von Rudolf Steiner mit einer «Vorrede zur Neu-Auflage» und ausführlichen «Anmerkungen zur Neu-Auflage», sonst aber nur mit geringfügigen Änderungen versehen, erschien im Dezember 1923 in Der Kommende Tag A.-G.,Verlag, Stuttgart, mit dem gedruckten Erscheinungsjahr 1924. Sie bildet die Ausgabe letzter Hand (siehe nachstehend zur *Textgrundlage)* und wurde im selben Jahr im Philosophisch-Anthroposophischen Verlag am Goetheanum, Dornach, unverändert nachgedruckt (7.–11. Tausend).

Textgrundlagen

Nachdem für die 7. Auflage 1979 der Text mit der 1. Auflage von 1886 und den mit handschriftlichen Korrekturen Rudolf Steiners versehenen Druckfahnen für die 2. Auflage von 1924 verglichen worden war, ist nun der Text für die 8. Auflage 2003 neu anhand der 2. Auflage von 1924, der sogenannten Ausgabe letzter Hand (AlH), überprüft worden. Sie ist die letzte von Rudolf Steiner selbst autorisierte und herausgegebene und daher maßgebend. Alle seit dieser Ausgabe von Herausgebern vorgenommenen Änderungen wurden geprüft und entweder rückgängig gemacht oder, wo notwendig, beibehalten und nachstehend unter «Textkorrekturen» nachgewiesen, sofern es sich nicht nur um Orthographie (Groß- und Kleinschreibung, Getrennt- oder Zusammenschreibung), Interpunktion oder die von späteren Herausgebern häufig ausgeschriebenen Abkürzungen handelt, die nun wiederhergestellt worden sind. Ebenso wurde im Wort «Entwicklung» das nachträglich eingefügte «e» («Entwickelung») außer in der Vorrede wieder getilgt und für diejenigen Anmerkungen, die von Rudolf Steiner stammen, die Anmerkungsziffern wie in der AlH in den Text eingefügt.

Druckfahnen zur Ausgabe letzter Hand finden sich in zwei verschiedenen Konvoluten. Das eine, von der Stuttgarter Buchdruckerei der «Union», Deutsche Verlagsgesellschaft, im Stempel mit dem Datum vom 25.–27.5.1921 versehen, umfaßt die Seiten 1–106 (in der vorliegenden Ausgabe S. 15–136). Die darin vom Autor angebrachten handschriftlichen Korrekturen (mit Tinte, Bleistift und Rotstift) sind bis auf wenige Ausnahmen in der gedruckten Ausgabe der 2. Auflage 1924 berücksichtigt worden. Nicht berücksichtigte Korrekturen werden in der vorliegenden 8. Auflage 2003 in [eckige Klammern] gesetzt, da nicht zu entscheiden ist, ob sie übersehen oder von Rudolf Steiner wieder getilgt worden sind. Sie finden sich ebenfalls unter «Textkorrekturen» aufgelistet.

Das zweite Konvolut Korrekturbogen, von derselben Druckerei mit dem Datum 22.11.23 versehen, umfaßt Titelei, Inhaltsverzeichnis, die «Vorrede zur Neu-Auflage», das «Vorwort zur ersten Auflage», die Seiten 98 –106 (in der vorliegenden Ausgabe S. 124 unten bis S. 136), sowie die «Anmerkungen zur Neu-Auflage 1924» (in der vorliegenden Ausgabe S. 137–144). Die Tatsache, daß diese Korrekturbogen an einzelnen Stellen von der endgültigen Buchausgabe der AlH abweichen, mithin vor dem Druck noch textliche Änderungen vorgenommen worden sind, ohne daß dafür Korrekturanweisungen vorliegen, bekräftigen den Entscheid, die Ausgabe letzter Hand als maßgeblich zu betrachten.

Für die 8. Auflage 2003 sind zudem die *Hinweise* geprüft, überarbeitet und um fehlende Zitatnachweise wesentlich ergänzt und erweitert worden; zitiert wird, wenn immer möglich, nach den in Rudolf Steiners Bibliothek vorhandenen Ausgaben. Vervollständigt wurde auch das *Namenregister.*

Textkorrekturen

Abweichungen von der Ausgabe letzter Hand (AlH):

Fortlaufende Seitennumerierung (Vorwort und Vorrede sind in der AlH von VII bis XII römisch paginiert).

G e s p e r r t e s wurde *kursiv* gesetzt.

Die Anmerkungen zur ersten Auflage sind als Fussnoten gesetzt worden (in der AlH stehen sie S. XIII unten, anschließend an das Vorwort).

S. 18, 30. Zeile «*A*. F. W. Jessen» in «*K*. F. W. Jessen» emendiert.

S. 78, 7. Zeile «sowie» in «so wie» emendiert.

Plazierung der geometrischen Figuren S. 83/84 entsprechend dem Umbruch der vorliegenden Auflage, wobei sie sich an der 1. Ausgabe und den Textverweisen der AlH orientiert.

S. 93, Anm. 12 Titel von Haeckels Schrift emendiert in «Die Naturanschauung von Darwin, Goethe und Lamarck» (die AlH hat fälschlicherweise «Die Naturanschauung von Darwin, Lamarck und Haeckel».

S. 102, 24. Zeile bereits in der 7. Auflage sinngemäß emendiert in: «organische Natur» (vgl. vorangehenden Abschnitt im Text); die 1. Auflage und auch die AlH haben «unorganische Natur». In den «Anmerkungen zur ersten Auflage» wurden bibliographische Ergänzungen zu Steiners Anmerkungen in eckigen Klammern beigefügt sowie die Titel einheitlich in Anführungszeichen gesetzt.

Anmerkungsziffer 13 (AlH S. 96) samt zugehörigem Eintrag (AlH S. 106) gestrichen. Er bezieht sich auf den Satz S. 114 in der vorliegenden Ausgabe, «Man glaubt die Verfassung aller Völker nach einer gewissen Schablone einrichten zu können», und lautet in der AlH: «Fällt in der Neu-Auflage weg.». Es handelt sich möglicherweise um einen Hinweis für den Setzer, wobei im erhaltenen Korrekturbogen mit dem Datum 22.11.23 die betreffende Anmerkung bereits fehlt, also nachträglich wieder eingefügt wurde oder hineinrutschte. In der 1. Auflage lautete die Anmerkung: «Dieser Vorwurf trifft vor allem jene, die da glauben, die in England erfundene liberale Schablone lasse sich allen Staaten aufdrängen.». In den «Anmerkungen zur Neu-Auflage» (S. 125–129) wurde jeweils die Seitenzahl der vorliegenden Ausgabe angepaßt.

Die Druckfehlerberichtigung (AlH S. 112) wurde nicht mit abgedruckt; die Berichtigungen sind bereits in früheren Ausgaben berücksichtigt worden.

Herausgeberkorrekturen in der 8. Auflage 2003 gegenüber dem Text der 7. Auflage 1979 auf Grund der Ausgabe letzter Hand (AlH):

Seite	Zeile (inkl. Titel)	
22	26	*Erziehung des Menschengeschlechtes* statt *Erziehung des Menschen.*
57	13	*Wir wollen hier* statt (wie in der Fahnenkorrektur) *Hier wollen wir.*
69	19	*kritischen Arbeiten* statt *kritischen Arbeit.*
71	14	*erfahrungsmäßig* statt *erfahrungsgemäß.*
72	2	*haben wir [noch] nicht* statt *haben wir noch nicht* («noch» steht nur in Fahnenkorrektur, nicht aber in der AlH).
73	19	*Goethe hat dies [so] vortrefflich* statt *Goethe hat dies so vortrefflich* («so» in Fahnenkorrektur, nicht aber in der AlH).
75	21	Absatz nach *nicht vordringen.*
78	13	*1798* statt *1789.*
92	29	*Fall* kursiv.
102	4	*Sein* statt *«Sein».*
107	16	*wahrnehmen* statt *wahrnähmen.*
112	18	*hier Selbstbetrachtung* statt *hier eben Selbstbetrachtung.*
113	9	*vergißt auf den letzteren* statt *vergißt den letzteren.*
117	33	*Hus* statt (wie in der AlH) *Huß,* eine damals auch gebräuchliche Schreibweise des Namens.
118	14	*Ideen zu einer Philosophie* statt *Ideen zur Philosophie.*
119	8	*kann er sich sie nur selbst* statt *kann er sie nur sich selbst.*
119	10	*Menschen nicht [etwas]* statt *Menschen nicht etwas* («etwas» in Fahnenkorrektur, nicht aber in der AlH).
122	9	*und es in der Idee* statt *und in der Idee.*

Hinweise zum Text

Werke Rudolf Steiners innerhalb der Gesamtausgabe (GA) werden in den Hinweisen mit der Bibliographie-Nummer angegeben. Siehe auch die Übersicht am Schluß des Bandes.

zu Seite

7 *Otto Liebmann ... hatte den Satz ausgesprochen:* Otto Liebmann (1840–1912), «Zur Analysis der Wirklichkeit». Eine Erörterung der Grundprobleme der Philosophie, 3., verbesserte und vermehrte Aufl., Straßburg 1900, S. 28. Die Stelle lautet: «Gerade deshalb, weil in der Tat kein vorstellendes Subjekt aus der Sphäre seines subjektiven Vorstellens hinauskann; gerade deshalb, weil es nie und nimmermehr mit Überspringung des eigenen Bewußtseins, unter Emanzipation von sich selber, Dasjenige zu erfassen und zu konstatieren im Stande ist, was jenseits und außerhalb seiner Subjektivität existieren oder nicht existieren mag; gerade deshalb ist es ungereimt, *behaupten* zu wollen, daß das vorgestellte Objekt außerhalb der subjektiven Vorstellung *nicht* dasei.» – Siehe auch O. Liebmann, «Gedanken und Thatsachen: Philosophische Abhandlungen, Aphorismen und Studien», Straßburg 1882 (später erweiterte Neuauflagen in mehreren Bänden); sowie «Die Klimax der Theorieen: eine Untersuchung aus dem Bereich der allgemeinen Wissenschaftslehre», Straßburg 1884. – Zu Liebmann und Volkelt vgl. das Kapitel: Nachklänge der Kantschen Vorstellungsart, in Rudolf Steiner, «Die Rätsel der Philosophie» (1914), GA 18, S. 472 ff.

Volkelt hatte seine gedankenvollen Bücher: Siehe Hinweise zu S. 33 und 36.

8 *Eduard von Hartmann:* (1842–1906). Vgl. «Beiträge zur Rudolf Steiner Gesamtausgabe», Nr. 85/86, 1984: «Zur ‹Philosophie der Freiheit›: Kommentare und Randbemerkungen von Eduard von Hartmann». Darin: Andreas Neider, «Rudolf Steiner und Eduard von Hartmann», S. 74–86.

10 *Aufsatz über Atomismus, der nie gedruckt worden ist:* Das Manuskript dieses Aufsatzes, der lange Zeit als verloren galt, wurde bei der Neuordnung des an die Tübinger Universitätsbiblio-

thek übergegangenen Nachlasses von Friedrich Theodor Vischer gefunden und von C. S. Picht in der Wochenschrift «Das Goetheanum», 18. Jg., Nr. 22 vom 28.5.1939 (S. 169–171) und Nr. 23 vom 4.6.1939 (S. 178–179), herausgegeben. Der 21jährige Rudolf Steiner hatte den Aufsatz mit dem Titel: «Einzig mögliche Kritik der atomistischen Begriffe» mit einem Begleitbrief an Vischer gesandt. – Veröffentlichung des Aufsatzes und Begleitbriefes in «Beiträge zur Rudolf Steiner Gesamtausgabe», Nr. 63, 1978, S. 5–11.

10 *Ich wurde in den achtziger Jahren ... durch Karl Julius Schröer:* Vgl. Rudolf Steiner, «Mein Lebensgang» (1923–25), GA 28, Kap. VI (S. 110 ff.) – «Goethes Naturwissenschaftliche Schriften», herausgegeben und kommentiert von Rudolf Steiner, mit einem Vorworte von Professor K. J. Schröer, in «Deutsche National-Litteratur», herausgegeben von Joseph Kürschner, erschienen in fünf Bänden. Band I: «Bildung und Umbildung organischer Naturen. Zur Morphologie» (1883), Band II: «Zur Naturwissenschaft im Allgemeinen. Mineralogie und Geologie. Meteorologie» (1887), Band III: «Beiträge zur Optik. Zur Farbenlehre. Enthüllung der Theorie Newtons» (1890), Band IV: «Zur Farbenlehre. Materialien zur Geschichte der Farbenlehre» (1897), Band V: «Materialien zur Geschichte der Farbenlehre (Schluß). Entoptische Farben. Paralipomena zur Chromatik. Sprüche in Prosa. Nachträge» (1897). Nachdruck Dornach 1975, GA 1a–e.

11 *«Die Rätsel der Philosophie»:* In zwei Bänden zuerst unter dem Titel «Welt- und Lebensanschauungen im 19. Jahrhundert», Berlin 1900 und 1901, 1914 dann unter dem heutigen Titel «Die Rätsel der Philosophie in ihrer Geschichte als Umriß dargestellt» erschienen (GA 18).

14 *in dem Aufsatze «Anschauende Urteilskraft»:* «[...] allein wenn wir ja im Sittlichen durch Glauben an Gott, Tugend und Unsterblichkeit uns in eine obere Region erheben und an das erste Wesen annähern sollen, so dürft' es wohl im Intellektuellen derselbe Fall sein, daß wir uns durch das Anschauen einer immer schaffenden Natur zur geistigen Teilnahme an ihren Produktionen würdig machten.» «Goethes Naturwissenschaftliche Schriften», a.a.O., Bd. I, S. 116 (ganzer Aufsatz S. 115–116).

Zu Anm. 2 [zum Vorwort]: «Faust von Goethe». Mit Einleitung und fortlaufender Erklärung, Band 2, «Faust II», hrsg. von K. J. Schröer. 1. Aufl. Heilbronn 1881.

18 *Dieser nennt Hegel einen Scharlatan:* Schopenhauer, «Parerga und Paralipomena: Skizze einer Geschichte der Lehre vom Idealen und Realen». Anhang. – «Sämtliche Werke», hrsg. von Rudolf Steiner, Band 8, Stuttgart o.J. [1894], S. 26–36. Vgl. z. B. S. 28, wo Schopenhauer einen Satz von Hegel folgendermaßen kommentiert: «Ich denke, es ist nicht schwer einzusehen, daß wer dergleichen voranschickt, ein unverschämter Scharlatan ist, der die Gimpel betören will und merkt, daß er an den Deutschen des 19. Jahrhunderts seine Leute gefunden hat.»

[Hegels] Verehrung für Goethe: Siehe z. B. Hegels Brief an Goethe vom 24. Februar 1821, den Goethe in den Nachträgen zur Farbenlehre unter dem Titel: «Neuste aufmunternde Teilnahme» (mit dem Datum: 20. Februar) veröffentlichte. «Goethes Naturwissenschaftliche Schriften», a.a.O., in Band V, S. 272–275, mit Anmerkungen R. Steiners. – Vgl. auch das Kap.: Goethe und Hegel, in Rudolf Steiner, «Goethes Weltanschauung» (1897), GA 6, S. 205–209.

[Schopenhauers] Verehrung für Goethe: Schopenhauer genoß 1813/14 den persönlichen Umgang Goethes und erhielt eine Einführung in die Farbenlehre; davon ausgehend schrieb er eine eigene Abhandlung «Über das Sehen und die Farben» und schickte sie Anfang Juni 1815 an Goethe. – Siehe «Goethe-Jahrbuch» IX, Frankfurt 1888, S. 50–54, sowie den Kommentar S. 99 f und S. 104. – Siehe auch Arthur Schopenhauer, «Der Briefwechsel mit Goethe und andere Dokumente zur Farbenlehre», hrsg. von Ludger Lütkehaus, Zürich 1992.

Haeckel ... sieht in der Goetheschen Ansicht die seinige vorgebildet: Ernst Haeckel, «Die Naturanschauung von Darwin, Goethe und Lamarck». Vortrag zu Eisenach am 18. September 1882, Jena 1882. Vgl. S. 30 ff.

K F. W. Jessen schreibt ... «mit vielen Scheingründen unterstützte Theorie ...: Wörtlich: «[...] mit vielen Scheingründen gestützte Theorie [...].» – *zu umfassenden Forschungen:* Wörtlich: «[...] zu umfassenden Forschungen und wissenschaftlichen Entdeckungen in der leblosen wie der belebten Schöpfung aufgeschwungen [...].» Karl F. W. Jessen, «Botanik der Gegenwart und Vorzeit in culturhistorischer Entwickelung. Ein Beitrag zur Geschichte der abendländischen Völker», Leipzig 1864; S. 459 u. 343.

20 *«Der Dichter ist der einzige wahre Mensch»:* Brief Schillers an Goethe vom 7. Januar 1795: «So viel ist indes gewiß, der Dichter ist der einzige wahre *Mensch,* und der beste Philosoph ist nur eine Karikatur gegen ihn.» «Briefwechsel zwischen Schiller und Goe-

the in den Jahren 1794 bis 1805». Erster Theil vom Jahre 1794 und 1795, Stuttgart und Tübingen 1828; S. 99.

22 *In seinen Briefen an Goethe:* Siehe Hinweis zu S. 88. – Friedrich Schiller, «Über die ästhetische Erziehung des Menschen, in einer Reihe von Briefen» (1795), «Über naive und sentimentalische Dichtung» (1795/96).

23 *Es muß auf Kant zurückgegangen werden:* Otto Liebmann, «Kant und die Epigonen. Eine kritische Abhandlung», Stuttgart 1865; der Schlußsatz fast jeden Kapitels. «Also muß auf Kant zurückgegangen werden», S. 109, 156 und 204; (Kap. 2, 4, 5) «– so muß auf Kant zurückgegangen werden», S. 138 (Kap. 3) «Es muß auf Kant zurückgegangen werden», S. 216 (Schlußkapitel).

24 *«Die Theorie an und für sich ist nichts nütze»:* «Goethes Naturwissenschaftliche Schriften», a.a.O., Band V: «Sprüche in Prosa», S. 357.

28 *«Wir sind von ihr umgeben...»:* Wörtlich: «Natur! Wir sind von ihr umgeben und umschlungen – unvermögend, aus ihr herauszutreten, und unvermögend, tiefer in sie hinein zu kommen. Ungebeten und ungewarnt nimmt sie uns in den Kreislauf ihres Tanzes auf und treibt sich mit uns fort, bis wir ermüdet sind und ihrem Arme entfallen.» «Goethes Naturwissenschaftliche Schriften», a.a.O., in Band II: «Zur Naturwissenschaft im Allgemeinen», S. 5. Erster Absatz des mit «Die Natur. Aphoristisch» betitelten Textes (S. 5–9).

33 *«unter anderen auch einer, daß es draußen zu regnen anfange»:* Wörtlich: «unter anderen auch einer mit dem Inhalte, daß es draußen zu regnen anfange». Johannes Volkelt, «Emmanuel Kant's Erkenntnisstheorie nach ihren Grundprincipien analysirt. Ein Beitrag zur Grundlegung der Erkenntnisstheorie», Leipzig 1879; S. 168. Ganzes Zitat S. 168f.

34 *«Gehirn und Bewußtsein»:* Richard Wahle (1857–1935), österreichischer Professor für Philosophie und Pädagogik in Czernowitz, später Wien. «Gehirn und Bewußtsein. Physiologisch-psychologische Studie», Wien 1884. Siehe da z. B. S. 52: «Nichts anderes zeigt sich, als nebeneinander befindliche Gegenstände. [...] Ihr tatsächliches Nebeneinander aber liegt darin, daß jeder Gegenstand für sich, ohne sich um den anderen zu kümmern, an seiner Stelle ist. Die Bäume des Waldes bringen sich nicht in Beziehung zu einander, werden von keiner Einheit zusammengefaßt; sie sind einfach nebeneinander. So sind auch die Vorstellungen, die ja gleich Gegenständen sind, nebeneinander.»

35 *ein seit Kant bestehendes Vorurteil:* Kant, «Kritik der reinen Vernunft», Transzendentale Elementarlehre, Erster Teil, Allgemeine Anmerkungen zur transzendentalen Ästhetik, § 8. «Wir haben also sagen wollen, daß alle unsere Anschauung nichts als die Vorstellung von Erscheinung sei, daß die Dinge, die wir anschauen, nicht das an sich selbst sind, wofür wir sie anschauen, noch ihre Verhältnisse so an sich selbst beschaffen sind, als sie uns erscheinen; und daß, wenn wir unser Subjekt oder auch nur die subjektive Beschaffenheit der Sinne überhaupt aufheben, alle die Beschaffenheit, alle Verhältnisse der Objekte im Raum und Zeit, ja selbst Raum und Zeit verschwinden würden, und als Erscheinungen nicht an sich selbst, sondern nur in uns existieren können.» Zit. n. der Ausgabe von Karl Vorländer, Halle a. d. S., o. J. [1899], S. 87.

36 *«daß alle Akte, die darauf Anspruch machen»:* Wörtlich: «daß alle Akte, die darauf Anspruch machen, ein objektives Erkennen zu sein, unabtrennbar an das erkennende individuelle Bewußtsein gebunden sind, daß sie sich zunächst und unmittelbar nirgends anderswo als im Bewußtsein des Individuums vollziehen, und daß sie über das Bewußtsein des Individuums hinauszugreifen und das Gebiet des draußen liegenden Realen zu erfassen oder zu betreten völlig außer stande sind». Johannes Volkelt, «Erfahrung und Denken. Kritische Grundlegung der Erkenntnistheorie», Hamburg und Leipzig 1886, Bd. 1, S. 4.

43 *Zu Anm. 8:* Auf welche Ausgabe Steiners Verweis (XXII 24 f) sich bezieht, ließ sich nicht feststellen. In den meisten in Frage kommenden Ausgaben ist «Dichtung und Wahrheit» in anderen Bänden enthalten. Einzig in J. W. v. Goethe, «Sämmtliche Werke in 40 Bänden». Vollständige neugeordnete Ausgabe, Stuttgart, Tübingen, 1853–58, entspricht der 1855 erschienene Band 22, nicht aber die Seitenzahl Steiners Angabe. Das Zitat (siehe Hinweis zu S. 43) findet sich dort S. 53.

«höhere Natur innerhalb der Natur»: Johann Wolfgang Goethe, «Dichtung und Wahrheit», 3. Teil, 11. Buch. Wörtlich (über Paul Thiry d'Holbachs «Système de la nature»): «Aber er mochte von der Natur so wenig wissen als wir: denn indem er einige allgemeine Begriffe hingepfahlt, verläßt er sie sogleich, um dasjenige, was höher als die Natur, oder als höhere Natur in der Natur erscheint, zur materiellen, schweren, zwar bewegten aber doch richtungs- und gestaltlosen Natur zu verwandeln, und glaubt dadurch recht viel gewonnen zu haben.» Johann Wolfgang Goethe, «Sämtliche

Werke nach Epochen seines Schaffens», Münchner Ausgabe, Bd. 16, München 1985, S. 524. XX

54 *Zu Anm. 9:* «Die Art, wie der Inhalt des Seienden in das Wissen bei dem Wahrnehmen überfließt und als ein identischer in beiden sich erhält, ist der Selbstwahrnehmung entzogen und überhaupt nicht vorstellbar, weil die Seele diesen Inhalt für sich, ohne die Wissensform, nicht erfassen und sich nicht vorstellen kann.» J. H. v. Kirchmann, «Die Lehre vom Wissen als Einleitung in das Studium philosophischer Werke», Leipzig 1878, 3. verbesserte Aufl., S. 67.

62 *«Wär' nicht das Auge sonnenhaft»:* Goethe, «Zahme Xenien», III. Leicht variiert auch in: «Goethes Naturwissenschaftliche Schriften», a.a.O., Band Ill: «Entwurf einer Farbenlehre. Didaktischer Teil». Einleitung, S. 88.: «[...] Wie könnten wir das Licht erblicken?».

67 *Kant hat auf den Unterschied von Verstand und Vernunft bereits hingewiesen:* Siehe z. B. «Kritik der reinen Vernunft», Zweite Abteilung, Die transzendentale Dialektik, Einleitung II. A.: Von der Vernunft überhaupt: «Alle unsere Erkenntnis hebt von den Sinnen an, geht von da zum Verstande und endigt bei der Vernunft, über welche nichts Höheres in uns angetroffen wird, den Stoff der Anschauung zu bearbeiten und unter die höchste Einheit des Denkens zu bringen.» A.a.O., S. 307.

67 *Er hat jedoch die Gebilde, die durch die Vernunft zur Erscheinung kommen:* Ebenda. Siehe II. Transzendentale Methodenlehre, Erstes Hauptstück, 3. Abschnitt, Die Disziplin der reinen Vernunft in Ansehung der Hypothesen: «Die Vernunftbegriffe sind, wie gesagt, bloße Ideen und haben freilich keinen Gegenstand in irgend einer Erfahrung, aber bezeichnen darum doch nicht gedichtete und zugleich dabei für möglich angenommene Gegenstände. Sie sind bloß problematisch gedacht, um in Beziehung auf sie (als heuristische Fiktionen) regulative Prinzipien des systematischen Verstandesgebrauchs im Felde der Erfahrung zu gründen.» A.a.O., S. 635. – Vgl. auch Rudolf Steiner, «Die Rätsel der Philosophie», GA 18, das Kap.: Das Zeitalter Kants und Goethes.

73 *«Die Idee ist ewig und einzig»:* «Goethes Naturwissenschaftliche Schriften», a.a.O., in Band V: Sprüche in Prosa, S. 379.

88 *Zu Anm. 11:* Zu Goethes zweitem Aufsatz vgl. oben Hinweis zu S. 94. Es heißt da (Weimarer Goethe-Ausgabe Abt. II, Bd. 11, 1893, S. 40): «Was wir also von unserer Arbeit vorzuweisen hätten wäre: 1. *Das empirische Phänomen,* das jeder Mensch

in der Natur gewahr wird, und das nachher 2. *zum wissenschaftlichen Phänomen* durch Versuche erhoben wird, indem man es unter andern Umständen und Bedingungen als es zuerst bekannt gewesen, und in einer mehr oder weniger glücklichen Folge darstellt. 3. *Das reine Phänomen* steht nun zuletzt als Resultat aller Erfahrungen und Versuche da. Es kann niemals isoliert sein, sondern es zeigt sich in einer stetigen Folge der Erscheinungen. Um es darzustellen bestimmt der menschliche Geist das empirisch Wankende, schließt das Zufällige aus, sondert das Unreine, entwickelt das verworrene, ja entdeckt das Unbekannte.»

88 *Sie bezeichnen diese Methode als rationellen Empirismus:* Nachdem Goethe am 10. Januar 1798 (Brief Nr. 403) Schiller seinen Aufsatz «Der Versuch als Vermittler von Objekt und Subjekt» geschickt hat (enthalten in «Goethes Naturwissenschaftliche Schriften», a.a.O., Band II: Zur Naturwissenschaft im Allgemeinen, S. 10–21), antwortet Schiller am 12. Januar 1798 (Nr. 404): «Ihr Aufsatz enthält eine treffliche Vorstellung und zugleich Rechenschaft Ihres naturhistorischen Verfahrens, und berührt die höchsten Angelegenheiten und Erfordernisse aller rationellen Empirie, indem er nur einem einzelnen Geschäfte die Regel zu geben sucht.» Und im Brief vom 19. Januar 1798 (Nr. 408), nachdem er von Goethe mit Brief vom 13. Januar 1798 (Nr. 406) einen weiteren, unbetitelten Aufsatz über das reine Phänomen (in der Weimarer Goethe-Ausgabe Abt. II, Bd. 11, S. 38–41 unter dem Titel [Erfahrung und Wissenschaft] abgedruckt) erhalten hat, heißt es: «Zu dem *reinen Phänomen,* welches nach meinem Urteil eins ist mit dem objektiven Naturgesetz, kann nur der *rationelle Empirism* hindurchdringen.» Goethes Antwort vom 20. Januar 1798 (Nr. 409): «Für die Prüfung meiner Aufsätze nach den Kategorien danke ich zum schönsten; ich werde sie bei meiner Arbeit immer vor Augen haben.» «Briefwechsel zwischen Schiller und Goethe in den Jahren 1794 bis 1805». Vierter Theil vom Jahre 1798, Stuttgart und Tübingen 1829, S. 18–21 (Nr. 403), S. 21–26 (Nr. 404; Zitat S. 21), S. 33–42 (Nr. 408; Zitat S. 37), S. 42–44 (Nr. 409, Zitat S. 42). Zu den Angaben vgl. auch Johann Wolfgang Goethe, «Sämtliche Werke nach Epochen seines Schaffens», Münchner Ausgabe, Bd. 8.2, München 1990, S. 393–398 (Kommentar zum «Briefwechsel»), und Bd. 6.2, München 1988, S. 820–821 (Text [Das reine Phänomen]) und S. 1265–1267 (Kommentar).

90 *Kant hat sogar derselben eine philosophische Begründung zu geben versucht:* «Kritik der Urteilskraft». Siehe Zweiter Teil: Kritik der teleologischen Urteilskraft, zweite Abteilung, § 77, Von der Eigentümlichkeit des menschlichen Verstandes...: «Unser Verstand ist ein Vermögen der Begriffe, d.i. ein diskursiver Verstand. [...] Unser Verstand nämlich hat die Eigenschaft, daß er in seinem Erkenntnisse, z.B. der Ursache eines Produkts, vom *Analytisch-Allgemeinen* (von Begriffen) zum Besonderen (der gegebenen empirischen Anschauung) gehen muß [...]» Immanuel Kant's Sämtliche Werke in sechs Bänden. Sechster Band, «Ästhetische und religionsphilosophische Schriften, Leipzig 1921, S. 302 und 303.

91 *Darauf kommt es ihm [Goethe] nie an, wozu etwas nützt:* Vgl. Eckermann, «Gespräche mit Goethe», 20. Februar 1831: «Solche Nützlichkeitslehrer sagen wohl: der Ochse habe Hörner um sich damit zu wehren. Nun frage ich aber: warum hat das Schaf keine? und, wenn es welche hat, warum sind sie ihm um die Ohren gewickelt, so daß sie ihm zu nichts dienen? [...] Die Frage nach dem Zweck, die Frage *warum?* ist durchaus nicht wissenschaftlich. Etwas weiter aber kommt man mit der Frage *Wie?* – Denn wenn ich frage: *wie* hat der Ochse Hörner? so führet mich das auf die Betrachtung seiner Organisation und belehret mich zugleich, warum der Löwe keine Hörner hat und haben kann.» Zit. n. Johann Wolfgang Goethe, «Sämtliche Werke nach Epochen seines Schaffens», Münchner Ausgabe, Bd. 19, München 1986, S. 415.

An Spinoza zog ihn [Goethe] besonders an: Vgl. dazu «Goethes Naturwissenschaftliche Schriften», a.a.O., in Band I: Einleitungen, S. LVff.

93 *«der ursächliche Zusammenhang der Erscheinungen»:* Wörtlich: «Wohl aber dürfen wir jetzt fordern, daß alle Unterrichtsgegenstände nach der *genetischen Methode* behandelt werden; dann wird auch die Grundidee der Entwickelungslehre, der *ursächliche Zusammenhang der Erscheinungen,* überall zur Geltung kommen.» Ernst Haeckel, «Die Naturanschauung von Darwin, Goethe und Lamarck. Vortrag in der ersten öffentlichen Sitzung der fünfundfünfzigsten Versammlung Deutscher Naturforscher und Ärzte zu Eisenach am 18. September 1882», Jena 1882, S. 52 f.

93 *«Wenn die psychische Mechanik»:* Wörtlich: «Wenn die psychische Mechanik, die ‹Psychophysik› nicht so unendlich

zusammengesetzt und verwickelt wäre, wenn wir im Stande wären, auch die geschichtliche Entwickelung der psychischen Funktionen vollständig zu übersehen, so würden wir sie alle (mit Inbegriff des Bewußtseins!) in eine mathematische ‹Seelenformel› bringen können.» Ernst Haeckel, «Freie Wissenschaft und freie Lehre. Eine Entgegnung auf Rudolf Virchow's Münchener Rede über ‹Die Freiheit der Wissenschaft im modernen Staat›», Stuttgart 1878, S. 42.

95 *Wir wollen nach dem Vorgange Goethes diesen allgemeinen Organismus Typus nennen:* Siehe z. B. «Goethes Naturwissenschaftliche Schriften», a.a.O., in Band I: «Erster Entwurf einer allgemeinen Einleitung in die vergleichende Anatomie, ausgehend von der Osteologie», S. 239 ff.

96 *Was Agassiz ... einen «verkörperten Schöpfungsgedanken Gottes» nannte:* Louis Agassiz (1807–1873), Schweizer Paläontologe, Geologe und Biologe, der lange in Nordamerika lehrte. Siehe sein Werk: «Contributions to the natural history of the United States of America», volume I, part I: «Essay on classification», Boston 1857; vgl. Haeckels Auseinandersetzung mit Agassiz in: «Natürliche Schöpfungsgeschichte». Gemeinverständliche wissenschaftliche Vorträge über die Entwickelungs-Lehre im Allgemeinen und diejenige von Darwin, Goethe und Lamarck im Besonderen, Berlin 1874 (5. verbesserte Aufl.), S. 55 ff. Darin S. 57: «Jede einzelne Tierart ist, wie sich *Agassiz* ausdrückt, ein verkörperter Schöpfungsgedanke Gottes.»

97 *Friedrich Theodor Vischer ... hat einmal ausgesprochen:* «Altes und Neues», drei Hefte in einem Band, Stuttgart 1881/82, Drittes Heft: «Carl Gustav Reuschle, Philosophie und Naturwissenschaft», S. 223: «So steht eine zweite Welt über der physischen, ein moralischer Gattungstypus über dem physiologischen. Beide sind sich darin gleich, daß zeitlos feststeht, was in der Zeit geworden ist. Wir bedürfen einer Korrektur des Zeitbegriffes, wie ich auch im 6. Heft der Krit. Gänge schon gesagt habe; dort in dem Zusammenhang, wo von der innern Zweckmäßigkeit und im Gegensatz von der Zweckmäßigkeit expost die Rede war.»

101 *Der englische Philosoph Reid nennt eine Intuition:* Thomas Reid (1710–1796), schottischer Philosoph, Begründer der Schottischen Schule und der Common-Sense-Philosophie. «An Inquiry into the Human Mind on the Principles of Common Sense», Charlestown 1813; Chapter 2, Section VII; dort wird der Vorgang mit dem Wort «suggestion» bezeichnet: «I beg leave to make

use of the word *suggestion,* because I know not one more proper, to express a power of the mind, which seems entirely to have escaped the notice of philosophers, and to which we owe many of our simple notions which are neither impressions nor ideas, as well as many original principles of belief.» Zit. n. der Ausgabe Chicago and London 1970, S. 38. In der Übersetzung, «Untersuchungen über den menschlichen Geist, nach den Grundsätzen des gemeinen Menschenverstandes» (nach der 3. Aufl., Leipzig 1782; Reprint: Bristol 2000, S. 53) wird der Begriff durch das Wort «Eingebung» wiedergegeben: «Ich bitte um Erlaubnis das Wort *Eingebung* (suggestion) gebrauchen zu dürfen, weil ich kein schicklicheres kenne, um ein Vermögen der Seele auszudrücken, welches der Beachtung der Philosophen gänzlich entgangen zu sein scheint, und welchem wir sowohl verschiedene unserer einfachen Begriffe, welche weder Eindrücke noch Ideen sind, als auch verschiedene ursprüngliche Prinzipien des Glaubens zu verdanken haben.»

101 *Jacobi vermeinte, in unserm Gefühle von Gott:* «Die *ursprüngliche* Offenbarung Gottes an den Menschen ist keine Offenbarung in Bild und Wort, sondern ein Aufgehen im inneren Gefühl»; «Friedrich Heinrich Jacobi's Werke», 6 Bände, Leipzig 1812–1825, Bd. III (1816), S. XX; vgl. auch Jacobi, «Von göttlichen Dingen», im selben Band, z. B. S. 317: «Eine solche unmittelbare, *positive* Wahrheit entdeckt sich uns in und mit dem Gefühl eines über alles sinnliche, wandelbare, zufällige Interesse sich erhebenden Triebes, welcher sich als der *Grundtrieb* der menschlichen Natur unwiderstehlich ankündigt.»

102 *Unsere Urteilskraft muß denkend anschauen:* Siehe Goethes Aufsätze «Bedeutende Fördernis durch ein einziges geistreiches Wort», in «Goethes Naturwissenschaftliche Schriften», a.a.O., Band II, S. 31–35; und «Anschauende Urteilskraft», ebenda, Band I, S. 115–116. Vgl. auch Kant, «Kritik der Urteilskraft», § 77: «Nun können wir uns aber auch einen Verstand denken, der, weil er nicht wie der unsrige diskursiv, sondern intuitiv ist, vom *Synthetisch-Allgemeinen* (der Anschauung eines Ganzen als eines solchen) zum Besonderen geht, d. i. vom Ganzen zu den Teilen [...].» a.a.O.

110 *Fichte sprach dem Menschen nur insofern Existenz zu:* Siehe z. B. Johann Gottlieb Fichte, «Grundlage der gesamten Wissenschaftslehre». «Das Ich setzt sich selbst, und es ist, vermöge dieses bloßen Setzens durch sich selbst; und umgekehrt: das Ich ist, und es

setzt sein Sein, vermöge seines bloßen Seins. – Es ist zugleich das Handelnde, und das Produkt der Handlung; das Tätige, und das, was durch die Tätigkeit hervorgebracht wird; Handlung und Tat sind Eins und ebendasselbe; und daher ist das: Ich bin, Ausdruck einer Tathandlung; aber auch der einzig-möglichen, wie sich aus der ganzen Wissenschaftslehre ergeben muß. [...] Dasjenige, dessen Sein (Wesen) bloß darin besteht, daß es sich selbst als seiend setzt, ist das Ich, als absolutes Subjekt. So wie es sich setzt, ist es; und so wie es ist, setzt es sich; und das Ich ist demnach für das Ich schlechthin und notwendig. Was für sich selbst nicht ist, ist kein Ich.» Zit. n. «Johann Gottlieb Fichtes sämmtliche Werke». Hrsg. von I. H. Fichte, Band 1–8, Berlin 1845/1846; Bd. 1, S. 96 f.

112 *Wenn Jacobi glaubt, daß wir mit der Wahrnehmung unseres Innern:* Vgl. F. H. Jacobi, «Über eine Weissagung Lichtenbergs», Werke a.a.O. Bd. III, S. 234 f: «Ein Unvergleichbares, ein Eines für sich und ohne anderes ist der Mensch sich selbst durch seinen Geist, den *eigentümlichen,* durch welchen er *der* ist, der er ist, *dieser Eine und kein anderer.* [...] Er findet sich als dieses Wesen durch ein *unmittelbares,* von Erinnerung vergangener Zustände unabhängiges *Wesenheitsgefühl,* nicht durch *Erkenntnis;* er weiß, er ist dieser Eine und derselbe, der kein anderer ist noch werden kann, weil unmittelbare *Geistes-Gewißheit* von dem *Geiste,* von der Selbstheit, von der *Substantivität* unzertrennlich ist.»

113 *«Seelenlehre ohne Seele»:* Friedrich Albert Lange (1828–1875) prägte den Ausdruck «Psychologie ohne Seele» in: «Geschichte des Materialismus und Kritik seiner Bedeutung in der Gegenwart», Iserlohn 1866; Zweites Buch, Dritter Abschnitt, III. Die Naturwissenschaftliche Psychologie: «Aber heißt den Psychologie nicht *Lehre von der Seele?* [...] Nun, da haben wir wieder ein schönes Pröbchen der Verwechslung von Namen und Sache! Wir haben einen überlieferten Namen für eine große, aber keineswegs genau abgegrenzte Gruppe von Erscheinungen. [...] Soll man ihn verwerfen, weil das Objekt der Wissenschaft sich geändert hat? Das wäre unpraktische Pedanterei. Also nur ruhig eine Psychologie ohne Seele angenommen!» Leipzig 1902 (7. Aufl.), S. 381.

114 *«Der Verständige regiert nicht»:* «Goethes Naturwissenschaftliche Schriften», a.a.O., in Band V: Sprüche in Prosa, S. 482.

«Die vernünftige Welt»: «Goethes Naturwissenschaftliche Schriften», a.a.O., in Band V: Sprüche in Prosa, S. 482.

116 *Der Weltengrund hat sich in die Welt vollständig ausgegossen:* Vgl.

Goethes Gedicht «Prooemion» in der Gedichtsammlung «Gott und Welt».

116 *J. Kreyenbühl:* «Die ethische Freiheit bei Kant: eine kritisch-speculative Studie über den wahren Geist der Kant'schen Philosophie», «Philosophische Monatshefte» XVIII, Heidelberg 1882, S. 129–161.

117 *«Lessing, der mancherlei Beschränkung unwillig fühlte»:* «Goethes Naturwissenschaftliche Schriften», a.a.O., in Band V: «Sprüche in Prosa», S. 460. Im Original alle drei Aussprüche kursiv.

die bekannte Kontroverse Kant-Schillers: Siehe Kant, «Kritik der praktischen Vernunft», I. Teil, 1. Buch, 3. Hauptstück: Von den Triebfedern der reinen praktischen Vernunft: «Es ist von der größten Wichtigkeit in allen moralischen Beurteilungen, auf das subjektive Prinzip aller Maximen mit der äußersten Genauigkeit Acht zu haben, damit alle Moralität der Handlungen in der Notwendigkeit derselben aus Pflicht und aus Achtung fürs Gesetz, nicht aus Liebe und Zuneigung zu dem, was die Handlungen hervorbringen sollen, gesetzt werde. Für Menschen und alle erschaffene vernünftige Wesen ist die moralische Notwendigkeit Nötigung, d. i. Verbindlichkeit, und jede darauf gegründete Handlung als Pflicht, nicht aber als eine uns von selbst schon beliebte, oder beliebt werden könnende Verfahrungsart vorzustellen», sowie die berühmte Passage: «Pflicht! du erhabener großer Name, der du nichts Beliebtes, was Einschmeichelung bei sich führt, in dir fassest, sondern Unterwerfung verlangst, doch auch nichts drohest, was natürliche Abneigung im Gemüte erregte und schreckte, um den Willen zu bewegen, sondern bloß ein Gesetz aufstellst, welches von selbst im Gemüte Eingang findet, und doch sich selbst wider Willen Verehrung (wenn gleich nicht immer Befolgung) erwirbt, vor dem alle Neigungen verstummen, wenn sie gleich in Geheim ihm entgegen wirken, welches ist der deiner würdige Ursprung, und wo findet man die Wurzel deiner edlen Abkunft, welche alle Verwandtschaft mit Neigungen stolz ausschlägt, und von welcher Wurzel abzustammen die unnachlaßliche Bedingung desjenigen Werts ist, den sich Menschen allein selbst geben können?». Zit. n. Immanuel Kant, «Werke in zwölf Bänden». Hrsg. von Wilhelm Weischedel, Frankfurt am Main 1977, Bd. 7, S. 203 u. 209. – Schillers Auseinandersetzung findet u. a. in der Schrift «Über Anmut und Würde» statt: «So gewiß ich nämlich überzeugt bin – und eben darum, weil ich es bin –, daß der Anteil der Neigung an einer freien Handlung für die reine Pflichtmäßigkeit dieser Handlung nichts beweist, so glaube ich *eben daraus* folgern zu können, daß die sittliche Vollkommenheit des Menschen gerade nur aus diesem Anteil seiner Neigung an seinem moralischen Handeln erhellen kann. Der Mensch nämlich ist nicht dazu bestimmt, einzelne sittliche Handlungen zu verrichten, sondern ein sittliches Wesen zu sein. Nicht *Tugenden,* sondern *die Tugend* ist seine Vorschrift, und Tugend ist nichts anders ‹als eine Neigung zu der Pflicht›. Wie sehr also auch Handlungen aus Neigung und Handlungen aus Pflicht in objektivem Sinne einander entgegenstehen, so ist dies doch in subjektivem Sinn nicht also, und der Mensch *darf* nicht nur, sondern *soll* Lust und Pflicht in Verbindung bringen; er soll seiner Vernunft mit Freuden gehorchen. [...] In der Kantischen Moralphilosophie ist die Idee der *Pflicht* mit einer Härte vorgetragen, die alle Grazien davon zurückschreckt und einen schwachen Verstand leicht versuchen könnte, auf dem Wege einer finstern und mönchischen Asketik die moralische Vollkommenheit zu suchen.» Zit. n. Friedrich Schiller, «Sämtliche Werke», München 1962 (3. Aufl.), Bd. 5, S. 464 f. Siehe auch seine Xenien (ebenda, Bd. 1, S. 299 f):

«Gewissensskrupel

Gerne dien ich den Freunden, doch tu ich es leider mit Neigung,
Und so wurmt es mir oft, daß ich nicht tugendhaft bin.

Decisum

Da ist kein anderer Rat, du mußt suchen, sie zu verachten,

Und mit Abscheu alsdann tun, wie die Pflicht dir gebeut.»

«Zu allen Zeiten sind es nur die Individuen»: Friedrich Wilhelm Riemer, «Mitteilungen über Goethe», 26. September 1807. Wörtlich: «Es seien zu allen Zeiten nur die Individuen, welche für die Wissenschaft gewirkt. Nicht das Zeitalter. Das Zeitalter war's, das den Sokrates durch Gift hinrichtete, das Zeitalter, das Hus verbrannte; die Zeitalter sind immer sich gleich geblieben.» Hier zit. n. der Ausgabe Leipzig 1921, S. 284. Vgl. auch «Goethes Gespräche». Herausgegeben von Woldemar Freiherr von Biedermann, 10 Bände, Leipzig 1889–1896; Band 2, S. 188.

122 *Goethe tadelte es sehr, daß man von einer Idee des Schönen spricht:* «Goethes Naturwissenschaftliche Schriften», a.a.O., in Band V: «Sprüche in Prosa», S. 379: «Im Ästhetischen tut man nicht wohl, zu sagen: die Idee des Schönen; dadurch vereinzelt man das Schöne, das doch einzeln nicht gedacht werden kann.»

Die großen Kunstwerke, die Goethe in Italien sah: «Italienische Reise», Rom, den 6. September 1787: «Diese hohen Kunstwerke sind zugleich [als] die höchsten Naturwerke von Menschen nach wahren und natürlichen Gesetzen hervorgebracht worden. Alles Willkürliche, Eingebildete fällt zusammen, da ist Notwendigkeit, da ist Gott.» Zit. n. Johann Wolfgang Goethe, «Sämtliche Werke nach Epochen seines Schaffens», Münchner Ausgabe, Bd. 15, München 1992, S. 478.

122 *Die Kunst eine Manifestation geheimer Naturgesetze:* «Goethes Naturwissenschaftliche Schriften», a.a.O., in Band V: «Sprüche in Prosa», S. 494: «Das Schöne ist eine Manifestation geheimer Naturgesetze, die uns ohne dessen Erscheinung ewig wären verborgen geblieben.»

123 *«Ich denke, Wissenschaft könnte man die Kenntnis»:* «Goethes Naturwissenschaftliche Schriften», a.a.O., in Band V: «Sprüche in Prosa», S. 535.

127 *meiner späteren Schrift:* «Wie erlangt man Erkenntnisse der höheren Welten?». Aufsätze in der Zeitschrift «Lucifer-Gnosis» Nrn. 13–28, Berlin: Juni 1904 – September 1905. Erste Buchausgabe Berlin 1909 (GA 10).

Bezüglich des Aufsatzes «Die Natur»: Siehe Hinweis zu S. 28 und Rudolf Steiners Aufsatz «Zu dem ‹Fragment› über die Natur», «Schriften der Goethe-Gesellschaft», 7. Bd., 1892. Jetzt in: «Methodische Grundlagen der Anthroposophie. Gesammelte Aufsätze zur Philosophie, Naturwissenschaft, Ästhetik und Seelenkunde 1884–1901», GA 30, S. 320–327.

Tobler: Georg Christoph Tobler (1757–1812), Schweizer Theologe und Altphilologe, den Goethe auf seiner 2. Schweizerreise im Herbst 1780 in Genf kennenlernte und der Goethe im Sommer darauf in Weimar besuchte.

128 *«Tiefurter Journal»:* Oder *«Journal von Tiefurt»,* benannt nach der Sommerresidenz der Herzogin von Sachsen-Weimar-Eisenach, Anna Amalia (1739–1807), und durch sie 1781 gegründet. Erschien ca. alle drei Wochen in 11 handgeschriebenen Exemplaren und bestand bis 1784.

einen von diesem [Goethe] viel später geschriebenen Aufsatz: «Erläuterungen zu dem aphoristischen Aufsatz ‹Die Natur›» [Goethe an den Kanzler v. Müller], datiert Weimar, 24. Mai 1828. In Weimarer Goethe-Ausgabe Abt. II, Bd. 11, 1893, S. 10–12: «Daß ich diese Betrachtungen verfaßt, kann ich mich faktisch zwar nicht erinnern, allein sie stimmen mit den Vorstellungen wohl überein, zu denen sich mein Geist damals ausgebildet hatte» (S. 10).

NAMENREGISTER

LITERATURHINWEIS

Zur Weiterführung und Vertiefung der Darstellungen des vorliegenden Bandes sei auf folgende Ausgaben von Rudolf Steiner verwiesen:

(GA = Rudolf Steiner Gesamtausgabe / TB = Rudolf Steiner Taschenbücher)

Schriften:

Goethes Naturwissenschaftliche Schriften. Herausgegeben und kommentiert von Rudolf Steiner, in Kürschners «Deutsche National-Litteratur» (1883-1897), 5 Bände. Nachdruck 1975. – GA 1a-e

Einleitungen zu Goethes Naturwissenschaftlichen Schriften. Zugleich eine Grundlegung der Geisteswissenschaft (Anthroposophie). – Sämtliche Einleitungen aus GA 1a-e. – GA 1 (Tb 649)

Wahrheit und Wissenschaft. Vorspiel einer «Philosophie der Freiheit» (1892) – GA 3 (Tb 628)

Die Philosophie der Freiheit. Grundzüge einer modernen Weltanschauung. Seelische Beobachtungsresultate nach naturwissenschaftlicher Methode (1894), GA 4 (Tb 627) *Goethes Weltanschauung* (1897). – GA 6 (Tb 625)

Die Rätsel der Philosophie in ihrer Geschichte als Umriß dargestellt (1914) – GA 18 (Tb 610/611)

Philosophie und Anthroposophie. Gesammelte Aufsätze 1904-1923. – GA 35 (Teilausgabe unter dem Titel *Das menschliche Lehen vom Gesichtspunkte der Geisteswissenschaft,* Tb 612)

Vorträge:

Praktische Ausbildung des Denkens. Ein Vortrag, Karlsruhe 18. Januar 1909. Enthalten in *Die Beantwortung von Welt- und Lebensfragen durch Anthroposophie.* – GA 108. Auch als Einzelausgabe

Die Welt der Sinne und die Welt des Geistes. Sechs Vorträge, Hannover 27. Dezember 1911 bis 1. Januar 1912. – GA 134

Der menschliche und der kosmische Gedanke. Vier Vorträge, Berlin 20. bis 23. Januar 1914. – GA 151 (Tb 748)

Der Wert des Denkens für eine den Menschen befriedigende Erkenntnis. Das Verhältnis der Geisteswissenschaft zur Naturwissenschaft. Elf Vorträge, Dornach zwischen dem 20. August und dem 9. Oktober 1915. – GA 164

Die Philosophie, Kosmologie und Religion in der Anthroposophie. Zehn Vorträge, Dornach 6. bis 15. September 1922. – GA 215

Grenzen der Naturerkenntnis. Acht Vorträge im Ersten Anthroposophischen Hochschulkurs, Dornach 27. September bis 3. Oktober 1920. – GA 322 (Tb 666)

«Beiträge zur Rudolf Steiner Gesamtausgabe»

Heft 30: *Rudolf Steiner und der deutsche Idealismus*

Heft 46: *Goethes Weltanschauung als Ausgangspunkt für das Lebenswerk Rudolf Steiners*

Heft 63: *Rudolf Steiner über den Atomismus.* Zwei Aufsätze aus dem Frühwerk

Heft 78: *Rudolf Steiners Vorträge über «Die Praktische Ausbildung des Denkens»*

Heft 85/86: *Zur «Philosophie der Freiheit». Kommentare und Randbemerkungen von Eduard von Hartmann*

Heft 91: *Die Grundlegung der Erkenntnistheorie vor hundert Jahren und Ergebnisse geistiger Wirklichkeitsforschung aus dem Jahre 1918*

Alle Titel im Rudolf Steiner Verlag

BIBLIOGRAPHISCHER NACHWEIS

1. Auflage (1. Tausend) Verlag W. Spemann, Berlin und Stuttgart 1886

2. Auflage (2.–6. Tausend) um eine Vorrede und Schlußbemerkungen erweitert, Der kommende Tag Verlag, Stuttgart 1924 (Ausgabe letzter Hand)

3. Auflage (7.–11. Tausend) Philosophisch-Anthroposophischer Verlag am Goetheanum, Dornach 1924 (Reprint der 2. Auflage)

4. Auflage Verlag Emil Weises Buchhandlung (Karl Eymann), Dresden 1936 (Reprint der 2. Auflage)

5. Auflage Novalis Verlag, Freiburg i. Br. 1949 (Deutsche Lizenzausgabe) Rudolf Steiner Gesamtausgabe:

6. Auflage, Dornach 1960 (Herausgegeben durch Johann Waeger und Werner Spalinger)

7. Auflage, Dornach 1979 (Herausgegeben durch Caroline Wispler)

RUDOLF STEINER – LEBEN UND WERK

1861–1879 Kindheit und Jugend in Österreich

Am 27. Februar 1861 wird Rudolf Josef Lorenz Steiner als erstes Kind der aus Niederösterreich stammenden Eheleute Franziska und Johann Steiner in Kraljevec (damals Ungarn, heute Kroatien) geboren.

Der Vater arbeitete als Telegraphist, dann als Stationsvorsteher bei der Österreichischen Südbahn, was immer wieder Wohnortwechsel zur Folge hatte: nach Mödling 1862, Pottschach 1863 und Neudörfl im Burgenland 1869. Die Schwester Leopoldine wird 1864, der Bruder Gustav 1866 geboren.

Fasziniert von der Technik, beschäftigte er sich schon als Schüler intensiv mit der Mathematik und Geometrie, galt als begabter Zeichner und entdeckte im Alter von sechzehn Jahren seine Leidenschaft für die Philosophie.

1879 Abitur mit Auszeichnung.

1879–1890 Student, Goethe-Herausgeber, Hauslehrer und Redakteur in Wien

Studium an der Technischen Hochschule 1879–1882. Hauptfächer: Mathematik, Physik, Botanik, Zoologie, Chemie, daneben Studium der Literatur, Geschichte, Philosophie u. a. bei Franz Brentano.

Auf Empfehlung des Literaturhistorikers und Goetheforschers Prof. Karl Julius Schröer Berufung als Herausgeber von Goethes Naturwissenschaftlichen Schriften in Kürschners «Deutsche National-Litteratur».

Abhandlung *Einzig mögliche Kritik der atomistischen Begriffe*. Steiner bezeichnet sie später als den «Grundnerv» seiner Forschungen.

Hauslehrer in der Wiener Kaufmannsfamilie Ladislaus Specht 1884–1890. Dort auch Begegnungen mit dem Hausarzt der Familie, dem berühmten Wiener Internisten Josef Breuer, der als Wegbereiter der Psychoanalyse gilt.

Der erste Band von *Goethes Naturwissenschaftlichen Schriften* erscheint. Die Bände II–IV erscheinen zwischen 1887 und 1897.

Freundschaft mit der Dichterin und späteren Frauenrechtlerin Rosa Mayreder («Kritik der Weiblichkeit») und Friedrich Eckstein (später Sekretär und Biograph Anton Bruckners). Briefwechsel mit dem Philosophen Eduard von Hartmann.

Neben der Arbeit an der Goethe-Ausgabe zahlreiche Artikel für verschiedene Lexika (u. a. in Pierers Konversations-Lexikon) im Auftrag von Prof. Kürschner.

Erste Buchveröffentlichung *Grundlinien einer Erkenntnistheorie der Goetheschen Weltanschauung* 1886.

Anfrage des Weimarer Archivdirektors Erich Schmidt wegen Mitarbeit an der Sophien-Ausgabe von Goethes Werken.

Abhandlung *Die Natur und unsere Ideale.*

Redakteur bei der Wiener «Deutschen Wochenschrift». Zahlreiche Artikel und Kommentare zu politischen Ereignissen in Österreich-Ungarn 1888.

Vortrag im Wiener Goethe-Verein *Goethe als Vater einer neuen Ästhetik* 1888.

1890–1897 Goethe-Herausgeber und Nietzsche-Forscher in Weimar

Mitarbeiter am Goethe- und Schiller-Archiv. Herausgabe einiger Abteilungen der Naturwissenschaftlichen Schriften Goethes im Rahmen der *Sophien-Ausgabe,* die zwischen 1891 und 1896 erscheinen.

Begegnungen mit Herman Grimm, Ernst Haeckel und Eduard von Hartmann, Freundschaft mit der Dichterin Gabriele Reuter, dem Liszt-Schüler Conrad Ansorge, dem Stirner-Biographen John Henry Mackay und dem Nietzsche-Herausgeber Fritz Koegel.

Für die «Cotta'sche Bibliothek der Weltliteratur» besorgt Rudolf Steiner eine zwölfbändige Ausgabe sämtlicher Werke Schopenhauers sowie eine Jean-Paul-Ausgabe in acht Bänden. In der Reihe «Berliner Klassiker Ausgaben» (mit «Einleitungen namhafter Literaturhistoriker») erscheinen die Werke Wielands und Uhlands, herausgegeben und eingeleitet von Rudolf Steiner.

Promotion zum Dr. phil. an der Universität Rostock bei Prof. Heinrich von Stein mit einer Arbeit über «Die Grundfrage der Erkenntnistheorie mit besonderer Rücksicht auf Fichtes Wissenschaftslehre. Prolegomena zur Verständigung des philosophierenden Bewußtseins mit sich selbst», sie erscheint 1892 unter dem Titel *Wahrheit und Wissenschaft. Vorspiel einer Philosophie der Freiheit,* Eduard von Hartmann gewidmet.

Im Herbst 1893 erscheint sein philosophisches Hauptwerk *Die Philosophie der Freiheit.*

Besuche und Arbeitsaufenthalte im Nietzsche-Archiv in Naumburg. Bekanntschaft mit Elisabeth Förster-Nietzsche, die Steiner als Mitherausgeber der Werke ihres Bruders gewinnen will. Begegnung mit dem kranken Friedrich Nietzsche. 1895 erscheint Steiners Nietzsche-Monographie *Friedrich Nietzsche, ein Kämpfer gegen seine Zeit.*

Eine zusammenfassende Darstellung seiner bisherigen Goethe-Studien gibt Rudolf Steiner in seinem Buch *Goethes Weltanschauung 1897.*

1897–1905 Redakteur, Lehrer, Vortragender und Publizist in Berlin

Herausgeber und Redakteur des «Magazin für Litteratur» und der «Dramaturgischen Blätter», dem offiziellen Organ des Deutschen Bühnenvereins 1897–1900. Dort und in anderen Zeitungen erscheinen zahlreiche Aufsätze zu literarischen und philosophischen Fragen sowie Theaterkritiken und Buchbesprechungen.

Vorträge in der «Freien Literarischen Gesellschaft», im «Giordano Bruno-Bund» und im Literatenkreis «Die Kommenden». Begegnungen mit Else Lasker-Schüler, Peter Hille, Stefan Zweig, Käthe Kollwitz, Erich Mühsam, Paul Scheerbart, Frank Wedekind sowie mit den «Friedrichshagenern». Freundschaft mit Ludwig Jacobowski und Otto Erich Hartleben.

Eheschließung mit Anna Eunike 1899; sie stirbt 1911.

Lehrtätigkeit an der von Wilhelm Liebknecht begründeten Arbeiterbildungsschule in Berlin, ab 1902 auch in Spandau. Unterrichtsfächer: Geschichte, Redeübungen, Literatur, Naturwissenschaft 1899–1904. Begegnung mit Kurt Eisner und Rosa Luxemburg.

Der erste Band *Welt- und Lebensanschauungen im neunzehnten Jahrhundert* erscheint; ein Jahr später folgt der zweite 1900/1901. Überarbeitet und erweitert erscheint dieses Werk 1914 unter dem Titel *Die Rätsel der Philosophie.*

Festrede anläßlich des 500 jährigen Gutenberg-Jubiläums vor 7000 Setzern und Druckern in einem Berliner Zirkus.

Im Herbst 1900 Vorträge in der Theosophischen Bibliothek: über Nietzsche, Goethes «Märchen» und die Mystik und ihr Verhältnis zur Gegenwart.

Erste Begegnung mit Marie von Sivers 1900, die ab 1902 engste Mitarbeiterin Rudolf Steiners wird. Sie hatte zuvor eine Ausbildung in Rezitationskunst am Pariser Konservatorium und in dramatischer Kunst in Petersburg absolviert. Übersetzerin mehrerer Werke von Edouard Schuré.

Es erscheint *Die Mystik im Aufgange des neuzeitlichen Geisteslebens und ihr Verhältnis zu modernen Weltanschauungen.* – Auch der zweite, 1901/02 in der Theosophischen Bibliothek gehaltene Vortragszyklus erscheint überarbeitet in Buchform unter dem Titel *Das Christentum als mystische Tatsache.*

Rudolf Steiner wird Mitglied der 1875 von Helena Petrowna Blavatsky und Henry Steel Olcott begründeten *Theosophischen Gesellschaft* und ab Oktober 1902 Generalsekretär der Deutschen Sektion der Theosophischen Gesellschaft. Begegnung mit Annie Besant.

Lehrtätigkeit an der von den «Friedrichshagenern» Bruno Wille und Wilhelm Bölsche gegründeten Freien Hochschule 1902–1904.

1902–1912 Von der Theosophie zur Anthroposophie. Vortragsreisen im In- und Ausland

Zusammen mit Marie von Sivers Aufbau theosophischer Logen im In- und Ausland. Rege Vortragstätigkeit sowohl öffentlich als auch im Kreise der Mitglieder der Theosophischen Gesellschaft. Ab 1904 Einrichtung einer Esoterischen Schule.

Begründung, Herausgabe und Redaktion der Monatsschrift «Luzifer», später «Lucifer-Gnosis» (1903). Dort erscheinen grundlegende Aufsatzfolgen, darunter *Wie erlangt man Erkenntnisse der höheren Welten?/Aus der Akasha-Chronik/Theosophie und soziale Frage/Die Erziehung des Kindes/Die Stufen der höheren Erkenntnis.* – Sie erscheinen später auch in Buchform.

Freundschaft mit Christian Morgenstern und Edouard Schuré. Begegnung mit Wassily Kandinsky 1908.

Jeweils im Winterhalbjahr – ab 1903/04 – öffentliche Vortragsreihen im Berliner Architektenhaus, u.a. über: *Ursprung und Ziel des Menschen/Metamorphosen des Seelenlebens/Antworten der Geisteswissenschaft auf die großen Fragen des Daseins.*

Es erscheint das Grundlagenwerk *Theosophie. Einführung in übersinnliche Welterkenntnis und Menschenbestimmung* 1904.

Vorträge in Paris, Budapest, Holland, Skandinavien, Italien und in verschiedenen Städten Deutschlands und der Schweiz. Inszenierung von Dramen Edouard Schurés in München.

Veröffentlichung seiner Forschungsergebnisse zu kosmologischen und evolutionsgeschichtlichen Fragen in *Die Geheimwissenschaft im Umriß* 1910.

Uraufführungen seiner vier *Mysteriendramen* unter seiner Leitung in München 1910–1913.

Entwurf eines Gebäudes für Theateraufführungen und Vorträge. Die Realisierung dieses Projektes in München-Schwabing scheitert am Widerstand einiger Anlieger und der Behörden.

Es erscheinen *Die geistige Führung des Menschen und der Menschheit/Ein Weg zur Selbsterkenntnis des Menschen/Die Schwelle der geistigen Welt.* Das 1910 begonnene Werk *Anthroposophie* bleibt unvollendet. Intensive Studien zur Sinneslehre.

In Köln 1911 Begegnung mit dem russischen Schriftsteller Andrej Belyj («Petersburg»), die Belyjs Leben und Werk nachhaltig prägen sollte. In Prag Begegnung mit Franz Kafka, Max Brod und Hugo Bergmann.

Beginn der Entwicklung einer neuen Bewegungskunst «Eurythmie» 1911.

1912–1918 Gründung der Anthroposophischen Gesellschaft. Architekt, Künstler und Vortragender

Trennung von der Theosophischen Gesellschaft und Gründung der Anthroposopischen Gesellschaft 1912/13. Aufbau anthroposophischer Zweige im In- und Ausland.

Vorträge in verschiedenen Städten des In- und Auslandes über Reinkarnation und Karma / Evangelien / Leben zwischen Tod und neuer Geburt / Mysterien-Geschichte / Sinneslehre / Evolutionsgeschichte u. a.

Unter seiner Leitung und der Mitarbeit zahlreicher Künstler aus verschiedenen Ländern Errichtung des für Theater- und Eurythmieaufführungen sowie Vorträge von ihm entworfenen *Goetheanum* in Dornach/Schweiz 1913 – 1919, ein plastisch-organisch in Holz gestalteter Doppelkuppelbau. Künstlerische Arbeiten Steiners: Plastische Innen- und Außengestaltung (Entwürfe), Deckenmalereien (Entwürfe und teilweise Ausführung), Glasfenster (Entwürfe für die Motive), Holz-Skulptur (9 m hoch) «Der Menschheitsrepräsentant» (Entwürfe und teilweise Ausführung).

Eheschließung mit Marie von Sivers 1914.

Im Umkreis des *Goetheanum* entsteht auf dem Dornacher Hügel nach und nach ein einzigartiges Ensemble von Wohn- und Zweckbauten nach Entwürfen Rudolf Steiners: Glashaus, Heizhaus, Haus Duldeck, Transformato-

renhaus, Haus van Blommestein; Anfang der zwanziger Jahre Haus Vreede (in Arlesheim), drei Eurythmiehäuser, Haus de Jaager (Atelier u. Wohnhaus), Eurythmeum (Anbau an ein bestehendes Wohnhaus), Verlagshaus, Haus Wegman (Arlesheim), Haus Schuurman. In Stuttgart die Eurythmieschule (im 2. Weltkrieg zerstört).

Zahlreiche Vorträge über Kunst, Architektur, Zeitgeschichte und Geisteswissenschaft im In- und Ausland.

Unter dem Titel *Von Seelenrätseln* erscheinen Steiners Forschungsergebnisse über die Dreigliederung des menschlichen Organismus (Nerven-Sinnessystem, Rhythmisches System, Stoffwechsel-Gliedmaßensystem) und Ausführungen über das Verhältnis Anthropologie und Anthroposophie 1917.

1917–1923 Sozialreformer, Schulgründer und Publizist

Nach Gesprächen mit dem Politiker Otto Graf Lerchenfeld über die Situation Mitteleuropas entstehen zwei Memoranden, in denen Steiner Perspektiven für eine soziale Neugestaltung des öffentlichen Lebens entwickelt. Diese werden an einflußreiche politische Persönlichkeiten in Deutschland (Kühlmann, Prinz Max von Baden) und Österreich (Kaiser Karl) vermittelt 1917.

Eine in Zürich gehaltene Vortragsreihe über «Die soziale Frage» erscheint überarbeitet im April als Buch unter dem Titel *Die Kernpunkte der sozialen Frage in den Lebensnotwendigkeiten der Gegenwart und Zukunft* 1919. Leitgedanke ist die «Dreigliederung des sozialen Organismus», d. h. die Entflechtung des Einheitsstaates in ein freies Geistesleben, ein demokratisches Rechtsleben und ein assoziatives Wirtschaftsleben.

In Vorträgen und zahlreichen Besprechungen mit Vertretern der Arbeiterschaft wie auch mit Industriellen im Großraum Stuttgart engagiert sich Steiner für die Begründung von Betriebsräten.

Nach intensiven Vorbereitungen wird im Herbst 1919 in Stuttgart die Freie Waldorfschule als einheitliche Volks- und Höhere Schule eröffnet. Die Schirmherrschaft liegt in den Händen des Direktors der Waldorf-Astoria-Zigarettenfabrik, Emil Molt, ein Schulfreund von Herrmann

Hesse. Die Leitung wird Rudolf Steiner übertragen, der diese bis zu seinem Tod 1925 innehat. – In pädagogischen Kursen werden die Lehrer geschult.

Am 24. Februar 1919 erste öffentliche Eurythmieaufführung unter der Leitung von Marie Steiner im Pfauentheater in Zürich.

1920–1925 Vortragender, Künstler und Impulsgeber

Zahlreiche öffentliche Vorträge in Deutschland und im Ausland sowie Vortragszyklen für Mitglieder der Anthroposophischen Gesellschaft, u. a. *Entsprechungen zwischen Mikrokosmos und Makrokosmos / Anthroposophie als Kosmosophie / Der Mensch als Zusammenklang des schaffenden, bildenden und gestaltenden Weltenwortes / Esoterische Betrachtungen karmischer Zusammenhänge.* Daneben wird Steiner immer häufiger gebeten, Vorträge und Kurse über fachspezifische Themen zu halten: über Pädagogik, Medizin, Theologie, Nationalökonomie, Landwirtschaft (= Begründung der Biologisch-Dynamischen Landwirtschaft), Physik, Schauspielkunst, Heilpädagogik u. a. – In Wien 1922 Ost-West-Kongreß, an dem Steiner Hauptvortragender ist.

Als Schulungsgrundlage für Maler schafft er eine Folge von Pastellskizzen und Aquarellbildern *(Naturstimmungen, Friedwartskizzen).* Zahlreiche graphische Entwürfe für Buchumschläge, Plakate, Programme, Briefbögen, Verpackungen von Heilmitteln und Kosmetika.

Zahlreiche Eurythmieaufführungen an verschiedenen Theatern in Deutschland und im Ausland, die Rudolf Steiner häufig mit einem kurzen Vortrag über die Grundaspekte dieser neuen Bewegungskunst einleitet.

Unter Mitwirkung von Rudolf Steiner im Herbst 1922 Gründung der «Bewegung für religiöse Erneuerung» (Die Christengemeinschaft).

Anthroposophische Forschungsinstitute, Kliniken und weitere Schulen entstehen. Gründung der *Weleda AG,* ein heute weltweit arbeitendes Unternehmen zur Herstellung von Heilmitteln und Kosmetika.

In den Zeitschriften «Dreigliederung des sozialen Organismus» und «Das Goetheanum» erscheinen regelmäßig Aufsätze Steiners.

In der Silvesternacht 1922/23 wird das Goetheanum durch Feuer zerstört. Die Arbeit – künstlerische Veranstaltungen und Vorträge – wird in der Schreinerei in unmittelbarer Nähe der Brandruine unvermindert fortgeführt. Für einen zweiten, in Beton gestalteten Goetheanum-Bau (Fertigstellung 1928) kann Rudolf Steiner infolge seiner Erkrankung im Herbst 1924 nur noch ein Außenmodell schaffen.

Angesichts des Wachstums der anthroposophischen Bewegung im In- und Ausland kommt es Weihnachten 1923 in Dornach zu einer Neukonstituierung der Anthroposophischen Gesellschaft, deren Vorsitz Rudolf Steiner übernimmt, sowie zu einer Neugestaltung der Freien Hochschule für Geisteswissenschaft, ebenfalls unter seiner Leitung. Die Hochschule wird gegliedert in drei Klassen, in denen eine vertiefte esoterische Arbeit angestrebt wird, sowie in Fachsektionen für Medizin, Schöne Wissenschaften, Bildende Künste, Redende und musikalische Künste, für das Geistesstreben der Jugend, Mathematik und Astronomie, Naturwissenschaften, Pädagogik und Anthroposophie.

Im Herbst 1924 Beginn des Krankenlagers. Die immens angewachsene Vortrags- und Kurstätigkeit bricht jäh ab.

Während des Krankenlagers Fortsetzung der Niederschrift seiner Autobiographie *Mein Lebensgang* und in Zusammenarbeit mit der Ärztin Ita Wegman des posthum erschienenen Buches *Grundlegendes für eine Erweiterung der Heilkunst.*

Am 30. März 1925 stirbt Rudolf Steiner in Dornach bei Basel. Sein Grab befindet sich auf dem Goetheanumgelände in Dornach, wo auch Christian Morgensterns Urne beigesetzt ist.

RUDOLF STEINER GESAMTAUSGABE

Überblick über das literarische und künstlerische Werk

Erste Abteilung: Die Schriften

I. Werke

Goethes Naturwissenschaftliche Schriften, eingeleitet und kommentiert von Rudolf Steiner, 5 Bände, Nachdruck Dornach 1975 (GA 1a–e); separate Ausgabe der Einleitungen (GA 1)

Editorische Nachworte zu Goethes naturwissenschaftlichen Schriften in der Weimarer Ausgabe, 1891–1896 (GA 1f)

Grundlinien einer Erkenntnistheorie der Goetheschen Weltanschauung (GA 2)

Wahrheit und Wissenschaft. Vorspiel einer «Philosophie der Freiheit» (GA 3)

Die Philosophie der Freiheit (GA 4)

Friedrich Nietzsche, ein Kämpfer gegen seine Zeit (GA 5)

Goethes Weltanschauung (GA 6)

Die Mystik im Aufgange des neuzeitlichen Geisteslebens und ihr Verhältnis zur modernen Weltanschauung (GA 7)

Das Christentum als mystische Tatsache u. die Mysterien des Altertums (GA 8)

Theosophie. Einführung in übersinnliche Welterkenntnis und Menschenbestimmung (GA 9)

Wie erlangt man Erkenntnisse der höheren Welten? (GA 10)

Aus der Akasha-Chronik (GA 11)

Die Stufen der höheren Erkenntnis (GA 12)

Die Geheimwissenschaft im Umriß (GA 13)

Vier Mysteriendramen: Die Pforte der Einweihung – Die Prüfung der Seele – Der Hüter der Schwelle – Der Seelen Erwachen (GA 14)

Die geistige Führung des Menschen und der Menschheit (GA 15)

Anthroposophischer Seelenkalender (in GA 40)

Ein Weg zur Selbsterkenntnis des Menschen (GA 16)

Die Schwelle der geistigen Welt (GA 17)

Die Rätsel der Philosophie in ihrer Geschichte als Umriß dargestellt (GA 18)

Vom Menschenrätsel (GA 20)

Von Seelenrätseln (GA 21)

Goethes Geistesart in ihrer Offenbarung durch seinen «Faust» und durch das «Märchen von der Schlange und der Lilie» (GA 22)

Die Kernpunkte der Sozialen Frage in den Lebensnotwendigkeiten der Gegenwart und Zukunft (GA 23)

Aufsätze über die Dreigliederung des sozialen Organismus und zur Zeitlage 1915–1921 (GA 24)

Drei Schritte der Anthroposophie: Philosophie, Kosmologie, Religion (GA 25)

Anthroposophische Leitsätze (GA 26)

Grundlegendes für eine Erweiterung der Heilkunst nach geisteswissenschaftlichen Erkenntnissen. Von Dr. Rudolf Steiner und Dr. Ita Wegman (GA 27)

Mein Lebensgang (GA 28)

II. Gesammelte Aufsätze

Gesammelte Aufsätze zur Dramaturgie 1889–1900 (GA 29)

Methodische Grundlagen der Anthroposophie. Gesammelte Aufsätze zur Philosophie, Naturwissenschaft, Ästhetik und Seelenkunde 1884–1901 (GA 30)

Gesammelte Aufsätze zur Kultur- und Zeitgeschichte 1897–1901 (GA 31)

Gesammelte Aufsätze zur Literatur 1886–1902 (GA 32)

Biographien und biographische Skizzen 1894–1905 (GA 33)

Lucifer – Gnosis. Grundlegende Aufsätze zur Anthroposophie und Berichte aus den Zeitschriften «Luzifer» und «Lucifer-Gnosis» 1903–1908 (GA 34)

Philosophie und Anthroposophie. Gesammelte Aufsätze 1904–1918 (GA 35)

Der Goetheanumgedanke inmitten der Kulturkrisis der Gegenwart. Gesammelte Aufsätze aus der Wochenschrift «Das Goetheanum» 1921–1925 (GA 36)

Schriften zur Geschichte der anthroposophischen Bewegung und der anthroposophischen Gesellschaft 1902–1925 (GA 37)

III. Veröffentlichungen aus dem Nachlaß

Briefe – Wahrspruchworte – Bühnenbearbeitungen – Entwürfe zu den vier Mysteriendramen 1910–1913 – Anthroposophie. Ein Fragment aus dem Jahre 1910 – Gesammelte Skizzen und Fragmente – Aus Notizbüchern und -blättern (GA 38–47)

Zweite Abteilung: Das Vortragswerk

I. Öffentliche Vorträge

Die öffentlichen Berliner Vortragsreihen (Architektenhaus-Vorträge) 1903/04 bis 1917/18 (GA 51–67)

Öffentliche Vorträge, Vortragsreihen und Hochschulkurse an andern Orten Europas 1906–1924 (GA 68–84)

II. Vorträge vor Mitgliedern der Anthroposophischen Gesellschaft

Vorträge und Vortragszyklen allgemein-anthroposophischen Inhalts – Evangelien-Betrachtungen – Christologie – Geisteswissenschaftliche Menschenkunde – Kosmische und menschliche Geschichte – Die geistigen Hintergründe der sozialen Frage – Der Mensch in seinem Zusammenhang mit dem Kosmos – Karma-Betrachtungen (GA 91–244)

Vorträge und Schriften zur Geschichte der anthroposophischen Bewegung und der Anthroposophischen Gesellschaft (GA 250–263)

Veröffentlichungen zur Geschichte und aus den Inhalten der esoterischen Lehrtätigkeit (GA 264–270)

III. Vorträge und Kurse zu einzelnen Lebensgebieten

Vorträge über Kunst: Allgemein-Künstlerisches – Eurythmie – Sprachgestaltung und Dramatische Kunst – Musik – Bildende Künste – Kunstgeschichte (GA 271–292)

Vorträge über Erziehung (GA 293–311)

Vorträge über Medizin (GA 312–319)

Vorträge über Naturwissenschaft (GA 320–327)

Vorträge über das soziale Leben und die Dreigliederung des sozialen Organismus (GA 328–341)

Vorträge und Kurse über christlich-religiöses Wirken (GA 342–346)

Vorträge für die Arbeiter am Goetheanumbau (GA 347–354)

Dritte Abteilung: Das künstlerische Werk

Reproduktionen und Veröffentlichungen aus dem künstlerischen Nachlaß

Originalgetreue Wiedergaben von malerischen und graphischen Entwürfen und Skizzen Rudolf Steiners in Kunstmappen, als Einzelblätter oder in Buchform: Entwürfe für die Malerei des Ersten Goetheanum – Entwürfe für die Fenster des Ersten Goetheanum – Schulungsskizzen für Maler – Programmbilder für Eurythmie-Aufführungen – Eurythmieformen – Entwürfe zu den Eurythmiefiguren – Wandtafelzeichnungen aus dem Vortragswerk u. a.

Die Bände der Rudolf Steiner Gesamtausgabe sind innerhalb einzelner Gruppen einheitlich ausgestattet. Jeder Band ist einzeln erhältlich. Ausführliche Verzeichnisse können beim Verlag angefordert werden:

Rudolf Steiner Verlag, St. Johanns-Vorstadt 19–21, CH-4056 Basel
verlag@steinerverlag.com, www.steinerverlag.com